GEHEN
ein leichtfüßiges Glück

Elisabeth Hör-Bogacz

GEHEN
ein leichtfüßiges Glück

Kreative Auszeiten für
Körper, Geist und Seele

INTEGRAL

Das vorliegende Buch ist sorgfältig erarbeitet worden. Dennoch erfolgen alle Angaben ohne Gewähr. Weder Autorin noch Verlag können für eventuelle Nachteile oder Schäden, die aus den im Buch gemachten praktischen Hinweisen resultieren, eine Haftung übernehmen.

Verlagsgruppe Random House FSC® N001967
Das für dieses Buch verwendete FSC®-zertifizierte Papier
EOS liefert Salzer, St. Pölten.

Integral Verlag
Integral ist ein Verlag der Verlagsgruppe Random House GmbH.

ISBN 978-3-7787-9241-4

Erste Auflage 2013
Copyright © 2013 by Integral Verlag, München,
in der Verlagsgruppe Random House GmbH
Alle Rechte sind vorbehalten. Printed in Germany.
Einbandgestaltung: Guter Punkt, München,
unter Verwendung eines Motivs
von © Giordano Aita / shutterstock
Gesetzt aus der Berkeley Oldstyle Book von Sabine Dunst, Guter Punkt
Innenillustrationen: © Wilm Ihlenfeld / shutterstock
Druck und Bindung: CPI Moravia Books s.r.o., Pohořelice

Für M.

Inhalt

Einführung — 10

    Der moderne Alltag: Multitasking statt Muße — 11
    Dem Burn-out entgehen — 13
    Gehen verändert Ihren Blick auf die Welt — 15
    Mit Lust und Leichtigkeit — 16
    Ihr Alltag von morgen:
    mehr Muße statt Multitasking — 18

Schritt für Schritt mehr Selbstbewusstsein — 22

    Bewegungsdrang versus Bequemlichkeit — 25
    Wir sind Kinder der Evolution.
    Wir haben es nur vergessen! — 27
    Entscheidende evolutionäre Errungenschaften — 29
    Was bedeutet das für unser Leben
    im 21. Jahrhundert? — 30
    Aufrechter Gang, aufrechte
    Haltung, Autonomie — 32
    Übungen — 34

Schritt für Schritt mehr Körpergefühl 38

Sanfte Aktivität mit schützendem Potenzial 41
Exkurs: Mehr Ausdauer und Vitalität 43
Bewegungen bewusst wahrnehmen 47
Wunderwerk Füße 49
Übungen 51

Schritt für Schritt mehr Gelassenheit 58

Was uns schwächt und was uns stärkt 60
Das Phänomen Burn-out 65
Raus aus dem Kopf, rein in den Rhythmus! 66
Gehen ist rhythmische Bewegung 68
Sinnlichkeit statt Stress 70
Gehen ist ein Lebenselixier für unsere Sinne 71
Gehen steigert unsere Genussfähigkeit 73
Die Elemente der Natur als heilsame Kraft 75
Gehen in der Natur ist Frischluft für die Seele 76
Gehen ist Bewegung im Rhythmus der Natur 77
Grün tut gut 78
Übungen 81

Schritt für Schritt mehr Kreativität 84

Der Weg des Künstlers 85
Die Kraft der Inspiration 87
Exkurs: Ins Blaue gehen 89
Das kreative Gehirn 92
Ein perfektes Paar: Gehen und Denken 94
Erkenntnisse aus der Hirnforschung 97
Übungen 101

Schritt für Schritt mehr Achtsamkeit 106

Meditatives Gehen: Auszeit im Augenblick 107
Meditation – Reise nach innen 109
Gehen und Atmen im
ganzheitlichen Rhythmus 113
Ohne Weg keine Erkenntnis 115
Die Schönheit der Stille 120
Übung 122

Unterwegs mit allen Sinnen: Inspirierende Auszeiten, Ausflüge und Streifzüge 128

Mini-Auszeiten für Eilige 129
Entdeckungstour durch die Stadt 135
Blaue Stunde: Ausflug in die Nacht 138
Spaziergang im Regen, Nebel und Schnee 140
Lustwandeln und tafeln im Park 144
Die Kunst des Spazierengehens 146
Street Art: Kunsttouren 148
Land Art: Kreative Streifzüge durch die Natur 150
Barfuß unterwegs 153
Wandern und Meditieren 155
Auszeiten im Labyrinth 158
Pilgern: Tag der Stille 161
Mentale Spaziergänge 163
Auszeit für die Autorin 167
Anmerkungen 168
Übungs- und Tourenverzeichnis 170
Weiterführende Literatur und Webadressen 172
Über die Autorin 175

Einführung

Gehen ist ein Abenteuer. Man entdeckt immer Neues. Manchmal auch sich selbst.

Eigentlich habe ich es meinen Nachbarn zu verdanken, dass Sie dieses Buch in Ihren Händen halten. Überspitzt gesagt: Meine Mitbewohner gehen nur, wenn es unumgänglich ist. Sie verlassen morgens ihre Wohnung, gehen ein paar Schritte zum Aufzug, fahren in die Tiefgarage, mit dem Wagen zur Arbeit und abends zurück. Sie holen auch keine Frühstücksbrötchen ohne ihr Auto, nicht einmal am Wochenende! Als bewegungsfreudiger Mensch und leidenschaftliche Geherin, die fast täglich zu Fuß unterwegs ist, frage ich mich oft, wie meine Nachbarn das Stadtviertel, in dem wir leben, wohl wahrnehmen? Kennen sie die begrünten Hinterhöfe und Vorgärten oder die kleinen Läden in ihrer Umgebung? Erkennen sie die Menschen auf den Straßen als Individuen oder ausschließlich als Verkehrsteilnehmer? Wissen sie, welche Bäume die Wege säumen, die sie täglich befahren? Kann es sein, dass sie ihren eigenen Füßen zu wenig vertrauen? Oder gibt es auch im Alltag meiner Nachbarn Momente, in denen sie einem spontanen inneren Impuls folgen, ihr Auto parken, einfach drauflosgehen und sich zwischen zwei Terminen bewusst eine Auszeit gönnen? Um tief durchzuatmen, den Stress im Kopf ein Stück weit hinter sich zu lassen und wieder zu sich selbst zu kommen?

DER MODERNE ALLTAG: MULTITASKING STATT MUSSE

Natürlich sind meine Nachbarn im Zeitalter grenzenloser Mobilität und täglich wachsender Anforderungen, die immer weniger Spielraum für kleine Fluchten lassen, keine Ausnahme. Mehr als die Hälfte aller erwachsenen Deutschen ist laut Robert Koch-Institut weniger als zweieinhalb Stunden pro Woche körperlich aktiv. Aus Zeitnot, Gewohnheit und aus Bequemlichkeit. Wir sitzen in der Bahn, im Büro, am Computer, auf dem Sofa, vor dem Fernseher, im Kinosessel, im Restaurant ... Und wenn wir uns am Wochenende bewegen, um das spürbare Defizit wieder auszugleichen, verausgaben wir uns meist bis zur Erschöpfung und vertrauen auf spezielle Ausrüstungsgegenstände. Dann schwingen wir uns aufs Mountainbike, den Tacho fest im Blick, und lassen wahre Bilderbuchlandschaften an uns vorbeirauschen (die Natur als Kulisse), so als gäbe es links und rechts nichts zu entdecken. Oder wir folgen dem neuesten, meist schweißtreibenden Fitnesstrend, auch wenn sich unsere Seele eigentlich nach einer ruhigeren Gangart sehnt. Verständlich, dass wir unsere kostbare Zeit sinnvoll nutzen und etwas Besonderes erleben wollen. Aber müssen unsere Unternehmungen deshalb immer anstrengend, außergewöhnlich oder spektakulär sein und im gesellschaftlichen Anerkennungsranking weit oben stehen? Die Gefahr dabei: Wir verwechseln Aktivität mit Aktionismus. Aus Angst vor Langeweile und ungenutzter Zeit suchen wir Ablenkung und Zerstreuung, lassen uns von äußeren Reizen überfluten, die wir mit unseren Sinnen nicht mehr verarbeiten können, und versäumen dabei etwas Wesentliches: die Begegnung mit uns selbst.

Dynamisch, zielstrebig und leistungsorientiert, wie wir sind, geraten wir früher oder später in die Selbstoptimierungsfalle, weil unser Anspruch an uns zu hoch und das Tempo für Körper und Seele zu schnell sind. Ausgeglichen und zufrieden macht uns dieser Zustand natürlich nicht. Im Gegenteil: Wir fühlen uns überfordert und kehren nach solch einem Wochenende angespannt an unseren Arbeitsplatz zurück. Und selbst Menschen, die nicht mehr arbeiten, spüren heute häufig den Druck, bis ins hohe Alter produktiv sein zu müssen.

Im Grunde unseres Herzens ahnen wir bereits, woran es hakt: Je mehr wir uns anstrengen und je schneller wir werden, um allen Ansprüchen und Erwartungen gerecht zu werden, die von außen an uns herangetragen werden (zum Teil aber auch hausgemacht sind), desto weniger spüren wir uns! Im schlimmsten Fall verlieren wir das Gefühl für uns selbst und geraten zunehmend aus dem Takt, weil unser individueller Rhythmus zu sehr von äußeren Rhythmen überlagert wird. Der schützende, elementar wichtige Raum für mentale Erholung fehlt im modernen High-Speed-Alltag.

DEM BURN-OUT ENTGEHEN

Die Zunahme psychischer Belastungsstörungen ist ein alarmierender Ausdruck für diese Entwicklung, der Begriff Burn-out in aller Munde. In der fernöstlichen Spiritualität gilt der mangelnde Umgang mit den Elementen der Natur als wesentlicher Grund dafür, dass wir uns nicht mehr lebendig fühlen, mental erschöpft sind und innerlich ausbrennen. Interessant: Auch Wissenschaftler gehen mittlerweile davon aus, dass die zunehmend fehlende Naturerfahrung viele seelische Krankheiten wie Depressionen verursacht. Man spricht vom Naturdefizitsyndrom.

Aber es gibt auch Licht am Ende des Tunnels: Experten aus Forschung und Praxis erkennen immer deutlicher, dass Bewegung – vor allem im Freien – nicht nur unseren Körper fit und gesund hält, sondern auch positiven Einfluss auf unser Denken und Fühlen hat, ja sogar ein neues Lebensgefühl ermöglichen kann! Burn-out-

und Depressionstherapien setzen deshalb verstärkt auf Bewegung und den Umgang mit der Natur als heilsamer Kraft- und Inspirationsquelle (Naturtherapie). Davon später mehr.

Vielleicht ist Ihnen gerade bewusst geworden, dass Sie in Ihrer Freizeit kaum noch zu Fuß unterwegs sind. Vielleicht ist Gehen in Ihren Augen aber auch nur ein altmodischer und zeitraubender Luxus für Müßiggänger, Nichtstuer und Versager. Der moderne Mensch lässt sich bewegen und fährt mit dem Auto. Und wer kein Auto hat, weicht auf öffentliche Verkehrsmittel aus oder nimmt das Fahrrad, um in kürzester Zeit von einem Ort zum anderen zu kommen. Aber einfach nur zu gehen und aus Lust und Laune unterwegs zu sein, zweckfrei, absichtslos und ohne vorprogrammiertes Ziel, das erscheint vielen als überflüssig, langweilig und banal.

Ein paradoxes Phänomen unserer Zeit: Auf der einen Seite sehnen wir uns nach Verlangsamung, nach mehr Einfachheit und Ursprünglichkeit in einer komplexen, immer schneller und unübersichtlicher werdenden Welt. Auf der anderen Seite sind uns einfache Lösungen und Angebote oftmals zu schlicht und profan. Ohne es zu merken, übertragen wir die Spielregeln der Arbeitswelt auf unser Privatleben. Alles, was wir tun, sollte möglichst effektiv sein. Freizeitaktivitäten, die uns nicht herausfordern, haben für uns auch keinen besonderen Stellenwert, zumindest keinen messbaren Wert.

GEHEN VERÄNDERT IHREN BLICK AUF DIE WELT

Was viele nicht wissen: Zu Fuß zu gehen ist eine verblüffend wirksame Methode, den Alltag zu entschleunigen und in den eigenen Rhythmus zu kommen. Die wichtigste Botschaft: Sie müssen sich nicht anstrengen, um Ihr Wohlbefinden zu steigern und mehr Leichtigkeit zu empfinden. Im Gegenteil. Nehmen Sie sich die Freiheit und definieren Sie die Regeln außerhalb Ihres Arbeitsplatzes selbst! Lassen Sie den Leistungsgedanken allein zu Haus, gehen Sie vor die Tür und sehen Sie sich um! Ohne bestimmte Erwartungen und Vorstellungen daran zu knüpfen! Das ist wichtig, weil diese Haltung Ihren Blick öffnet, Ihr Bewusstsein weitet und Ihre Perspektive verändert. Sie benötigen dafür weder eine starre Anleitung noch spezielle Hilfsmittel. »Beim Gehen zählt nur eines: die Intensität des Himmels, das Leuchten der Landschaft«, betont der französische Philosophieprofessor Frédéric Gros in seinem wunderbaren Buch *Unterwegs*.

Wer geht, sieht mehr, erlebt mehr, spürt mehr.
Das schafft Raum für neue Eindrücke, elementare
Erfahrungen und sinnliche Empfindungen.

Zweifellos: Gehen hat eine tiefere Dimension. Und deshalb ist das vorliegende Buch auch kein Fitnessratgeber, sondern ein Inspirationsbuch, Impulsgeber und Wegbegleiter für alle, die Lust auf Bewegung haben, nach neuen Blickwinkeln suchen und sich kreative Auszeiten wünschen, die ohne großen Aufwand ins Alltagsleben passen. Wenn Sie wollen, kostet Sie das fast nichts! Ihre Beine, bequeme Schuhe, Wasser und dieses Buch genügen, um die Welt, die vor Ihrer Tür liegt, neu zu entdecken. Nehmen Sie sich Zeit fürs Unterwegssein! Glauben Sie mir, es geht!

MIT LUST UND LEICHTIGKEIT

Wir alle sehnen uns nach Momenten, die uns aus der gewohnten Routine herausreißen. Worauf Sie sich in diesem Buch freuen dürfen, sind neue Impulse, Denkanstöße und konkrete Anreize für mehr Laisser-faire in Ihrem Alltag. Sie werden sehen, wie genussvoll es sein kann, täglich und möglichst zu verschiedenen Zeiten draußen unterwegs zu sein. Zum Beispiel, weil sich jede Tages- und Jahreszeit anders anfühlt und ihre eigenen Überraschungen bereithält. Vielleicht regt sich gerade heftiger Widerstand in Ihnen, weil die Vorstellung, täglich einen Spaziergang zu unternehmen, in Ihren Augen utopisch und weltfremd ist. Entspannen Sie sich. Oft genügt schon eine halbe Stunde, um den Kopf freizubekommen, sich treiben zu lassen, den Augenblick zu genießen und die kleinen Glücksmomente zu sammeln, die uns unterwegs begegnen und in eine beschwingte Stimmung versetzen! Ein solches Soulcake kann der erste Frühlingshauch sein, der in der Luft liegt, das unbefangene Lächeln eines Kindes, das Ihnen auf Ihrem Weg entgegenhüpft oder der flüchtige Blick eines Fremden, der Sie innerlich berührt. Der Zauber des Augenblicks erschließt sich in der Absichtslosigkeit.

Ich selbst bin am liebsten in der magischen blauen Stunde unterwegs, stromere im Dämmerlicht durch die Straßen meines Viertels und erlebe den Übergang zwischen Tag und Nacht als sehr anregend. Die Abenddämmerung taucht alles in ein diffuses Licht, mildert Kontraste, verwischt Konturen, schafft Raum für Fantasie und neue Ideen! Ich genieße diese stimmungsvolle Atmosphäre mit meinen Sinnen, auch wenn nichts Bestimmtes passiert. Muss ja nicht sein! Ich nehme mir eine Auszeit vom Alltäglichen, bin in Bewegung, lasse mir die frische Luft um die Nase wehen und fühle mich nach einem langen Arbeitstag schnell wieder wach, lebendig und frei! Darum geht es in diesem Buch.

In den ersten fünf Kapiteln erfahren Sie, warum Gehen unser Selbstvertrauen stärkt, ein Lebenselixier für Körper, Geist und Seele ist, gelassen, kreativ und achtsam macht und uns von der einengenden Vorstellung befreit, immer und überall produktiv sein zu müssen. Wissenswertes und Spannendes aus der Forschung, konkrete Anregungen und praxiserprobte Wahrnehmungs- und Achtsamkeitsübungen werden Ihnen tiefere Einblicke in die Dimension des Gehens ermöglichen.

Zur Abrundung und Umsetzung im Alltag warten im Kapitel *Unterwegs mit allen Sinnen* besondere Auszeiten auf Sie. Kreative Vorschläge für Ausflüge und Streifzüge in der Stadt und auf dem Land werden Sie mit Ihrer sinnlichen, spielerischen und spirituellen Seite in Berührung bringen. Das kann eine Entdeckungstour durch die Straßen eines fremden Stadtteils sein oder eine Gehmeditation in der Stille. Wenn Sie wollen, können Sie das Gehen auch mit künstlerischen Aktivitäten verbinden, zum Beispiel indem Sie in Ihrer Freizeit Land Art betreiben. Manche Touren eignen sich besser für bewusste Alleingänge, andere sind ideal, um zu zweit, mit Freunden oder der ganzen Familie unterwegs zu sein.

IHR ALLTAG VON MORGEN: MEHR MUSSE STATT MULTITASKING

Wozu die Eile? Es kommt immer noch mehr Zeit, sagen die Menschen in Schwarzafrika. Spätestens nach der Lektüre dieses Buchs werden Sie wissen, dass zu Fuß gehen auch im 21. Jahrhundert kein Zeitverlust ist, sondern ein

Geschenk, das Sie unabhängiger macht. Sie werden die vielfältigen Facetten des Gehens und die heilsamen Effekte für Körper, Geist und Seele kennen und Sie nach Ihren individuellen Bedürfnissen nutzen. Die Frage »Couch oder raus?« stellt sich Ihnen nicht mehr, weil Sie längst vom Sofa aufgesprungen sind und für sich neue Wege entdeckt haben, die mehr Farbe und Abwechslung in Ihr Leben bringen.

Die Welt ist bunt und unsere Seele ein spielendes Kind, das sich nach Abenteuern und Überraschungen sehnt. Und zwar täglich aufs Neue.

Nehmen Sie diese positive Herausforderung an! Bleiben Sie in Bewegung! Entdecken Sie die Welt vor Ihrer Haustür! Gehen öffnet unsere Sinne und unser Herz, einfach so.

Schritt für Schritt mehr Selbstbewusstsein

Was fällt Ihnen spontan zum Thema Gehen ein?

Bedeutet zu Fuß gehen für Sie Lustgewinn oder Zeitverlust?

Finden Sie Spazierengehen spannend oder öde, zeitgemäß oder unmodern, befreiend oder beschwerlich?

Gehen Sie auch ohne Ziel?

Wie würden Sie Ihren Gang bezeichnen – drahtig, dynamisch, federnd, leichtfüßig, beschwingt, selbstbewusst, schlaksig, schwerfällig, schleichend oder schleppend?

Wie aufrecht ist Ihre Körperhaltung?

Haben Sie sich als Kind gern bewegt?

Erinnern Sie sich an Ihre ersten eigenständigen Schritte und die Begeisterung, die diese neu gewonnene Fähigkeit in Ihnen auslöste?

Die zuletzt gestellte Frage werden Sie vielleicht mit Nein beantworten, weil Sie sich kaum erinnern, mit Sicherheit aber Ihre Eltern, die Ihnen ausführlich von Ihren ersten wackligen Trippelschritten erzählen könnten, vor allem von Ihrem mühsamen Weg dorthin. Wir fallen hin, stehen auf, fallen wieder hin und geben nicht auf, bis wir endlich stehen und gehen können. Was für ein enormer Kraftakt, sich gegen die Schwerkraft aufzurichten! Hartnäckigkeit, ein starker Wille beziehungsweise Selbsterhaltungstrieb und ein ebenso starkes Bedürfnis nach Weiterentwicklung erzwingen den aufrechten Gang regelrecht. Gewiss existieren Fotos oder bewegte Bilder von Ihnen, die Ihren frühen Weg in die Selbstständigkeit eindrucksvoll dokumentieren. Ich persönlich erinnere mich am liebsten an ein Foto, auf dem ich nach meinem ersten Spaziergang kerzengerade dastehe und voller Stolz und Selbstvertrauen in diese Welt blicke.

Kein Wunder: Das Bewusstsein, aus eigener Kraft zu gehen, beflügelt uns, macht uns stark fürs Leben und ermöglicht uns eine völlig neue Dynamik.

Diese neu gewonnene Energie erweitert unseren persönlichen Aktionsradius, die (Körper-)Wahrnehmung und damit auch den Erfahrungsbereich des Kindes. Entwicklungspsychologisch gesehen beginnt jetzt das eigentliche soziale Lernen, etwa die Selbstbehauptung in einer Gruppe.

Gehen hat einen bedeutenden Einfluss auf unsere Ich-Stärke. Sie bestimmt, wie sehr wir an unsere Fähigkeiten glauben und auf uns selbst vertrauen.

Wer weiß, vielleicht haben Sie gerade Nachwuchs oder Enkel und erleben hautnah mit, wie wichtig die natürlichste (und oft unterschätzte) Fortbewegungsart für die körperliche und geistige Entwicklung des Kindes ist. Ohne Bewegung könnte es zum Beispiel keine motorischen Fähigkeiten entwickeln. Kein Zweifel: Ein Kind, das bewegungsarm aufwächst und nur selten draußen herumtobt, ist in seiner Gesamtentwicklung gehemmt. Umgekehrt zeigen Studien, dass Aktivitäten im Freien die Konzentration und Leistungsfähigkeit steigern. Forscher der Universität von Illinois haben den Einfluss der Natur auf Kinder, die unter ADHS (Aufmerksamkeitsdefizit-/Hyperaktivitätsstörung) leiden, untersucht und festgestellt, dass sie deutlich weniger Symptome zeigten, nachdem sie sich im Grünen aufgehalten hatten. Wird der kindliche Drang nach Bewegung gefördert, verknüpft das Kind damit auch positive Empfindungen. Es hat mehr Zeit zur Verarbeitung von Eindrücken und lernt spielerisch: Bewegung macht Spaß. Bewegung ist Leben. Und zwar von Anfang an.

Genau genommen verfügen wir schon vor unserer Geburt über ein erstaunlich großes, genetisch vererbtes Bewegungsrepertoire. Je nach Entwicklungsstadium können wir im Mutterleib energisch strampeln, uns drehen und Purzelbäume schlagen. Wenn wir schließlich das Licht der Welt erblicken, besitzen wir eine Reihe angeborener Reflexe. Berühmte Beispiele: Wird das Neugeborene an beiden Händen angehoben und berühren seine Füße zeitgleich den Boden, fängt es automatisch an zu gehen. Der Schreitreflex wird durch den Druck der Fußsohle gegen den Boden ausgelöst. Gleichzeitig wird der Fußgreifreflex ausgelöst, was so aussieht, als wollte der Fuß bei jedem Schritt ein Stück Boden greifen. Die Fähigkeit aufrecht zu gehen, entwickelt sich also schon im Bauch der Mutter.

BEWEGUNGSDRANG VERSUS BEQUEMLICHKEIT

Der Mensch ist dafür geschaffen, sich zu bewegen. Der Drang danach ist evolutionär in seinem Körper verankert, also ein natürliches Bedürfnis. Das heißt: Unser Körper will und muss ein Leben lang bewegt werden, um gesund zu bleiben. Doch unsere Wirklichkeit sieht anders aus: Nur 25 Prozent der Männer und rund 15 Prozent der Frauen erreichen die von der Weltgesundheitsorganisation (WHO) empfohlene körperliche Mindestaktivität von zweieinhalb Stunden pro Woche.[1] Der moderne Alltag mit seinen täglichen Anforderungen und unzähligen technischen Erleichterungen verführt uns regelrecht zur Bewegungsarmut. Das Leben der Mehrheit spielt sich heute weitgehend in der Komfortzone zwischen Computersessel und Couch ab, was uns zu Sitzriesen werden lässt, die sich auf bequeme Art möglichst angenehme Gefühle verschaffen wollen. Dank der klugen Schweinehund-Bücher[2] von Marco von Münchhausen wissen wir natürlich, warum es sich unser innerer Schweinehund meist lieber auf dem Sofa oder Beifahrersitz gemütlich macht, als mit uns vor die Tür zu gehen und die geschwächte Beinmuskulatur zu trainieren. Trägheit ist ein Teil unserer inneren Natur, die wir nicht verleugnen sollten. Zwischendurch macht es sogar Sinn, unserem Schweinehund die Regie zu überlassen, weil er uns vor mancher Überanstrengung schützt. Überforderung ist laut Marco von Münchhausen der größte Motivationskiller, wenn es zum Beispiel darum geht, eingefahrene Gleise zu verlassen. Aber auch Unterforderung führt dazu, dass unsere Motivation (von lateinisch *movere*, »bewegen«, »antreiben«) oft schon im Keim erstickt.

Natürlich ist die Bewegungsfreude nicht bei jedem Menschen gleich stark ausgeprägt, selbst bei Kindern nicht. Ein Blick in die eigene Familie genügt, um zu erkennen, dass es Unterschiede im Bewegungsdrang gibt, die auch genetisch bedingt sind. Bildlich gesprochen: Das eine Kind ist den ganzen Tag auf den Beinen, das andere sitzt lieber im Bobby Car. Dennoch, trotz bewegungsfeindlicher Lebensumstände, allzu menschlicher Schwächen und genetischer Unterschiede, kommen wir an einer Tatsache nicht vorbei: Wir wurden geboren, um zu gehen, nicht um zu sitzen:

> »Die Körper von Menschen, die sich nur wenig bewegen, sind evolutionär gesehen in einem höchst bedenklichen Zustand. Die Natur hat uns nicht mit vier Rädern und Ökomotor ausgestattet, sondern mit kräftigen muskulösen Beinen.«[3]

WIR SIND KINDER DER EVOLUTION. WIR HABEN ES NUR VERGESSEN!

Lassen Sie uns eine kurze Zeitreise in unsere gemeinsame Vergangenheit machen. Denn ohne Verständnis für die Entwicklungsgeschichte des aufrechten Gangs können wir die herausragende Bedeutung des Gehens nicht richtig einordnen. Wann sich der aufrechte Gang tatsächlich entwickelt hat, kann trotz wegweisender fossiler Fundstücke und laufender genetischer Analysen nur geschätzt werden. Experten gehen von etwa vier

Millionen Jahren aus. Es wird vermutet, dass veränderte Klima- und Umweltbedingungen in Ost- und Zentralafrika (der Wiege der Menschheit – in diesem Punkt sind sich namhafte Evolutionsbiologen mittlerweile einig) die Entwicklung des aufrechten Gangs vorantrieben, als weite Teile der tropischen Regenwälder aufgrund einer klimatischen Abkühlung vor etwa zehn Millionen Jahren zu offenen Savannenlandschaften wurden. Dadurch veränderte sich der Lebensraum unserer Urahnen stark, was einen enormen Selektionsdruck auslöste. Verkürzt und vereinfacht gesagt: Unsere Vorfahren waren optimal an das Leben und Klettern in Bäumen angepasst, und der neue Lebensraum war denkbar ungünstig für sie, weil er kaum mehr Schutz vor Feinden bot.

Der Vollständigkeit halber sei erwähnt, dass es neben der Savannentheorie eine zweite Theorie gibt, die unsere jüngere Stammesgeschichte anders sieht. Laut Wassertheorie lebte der Urmensch in Küstennähe, halb zu Lande, halb zu Wasser, bis er schließlich ganz ans Land angepasst war. Spekulativ bleiben letztlich beide Evolutionstheorien. Fest stehen nur zwei Dinge:

Die Evolution ist ein kreativer Prozess.
Und sie macht keine Sprünge. Sie lässt sich
für jeden Entwicklungsschritt Zeit.
Viel Zeit.

ENTSCHEIDENDE EVOLUTIONÄRE ERRUNGENSCHAFTEN

Durch den aufrechten Gang wurden die Arme und Hände erstmals frei von der Aufgabe der Fortbewegung. Das war die Voraussetzung dafür, dass sie sich zu subtilen und vielfältigen Greifinstrumenten entwickeln konnten, was wiederum Grundlage für die Herstellung und erfolgreiche Verwendung von Werkzeugen und Jagdinstrumenten war. Durch das Greifen und Betasten von Gegenständen, aber auch durch die veränderte Nahrungsbeschaffung und den Verzehr von Fleisch kam es wahrscheinlich vor etwa zwei Millionen Jahren zu einer weiteren entscheidenden Neuerung: zu einer starken Vergrößerung und zunehmenden Ausdifferenzierung des Gehirns. Quintessenz:

Der aufrechte Gang wird als wesentliche Voraussetzung für Intelligenz betrachtet, da er unseren Vorfahren entscheidende Überlebensvorteile sicherte.

Der dadurch neu gewonnene Überblick über den Lebensraum trug zum Jagderfolg bei und minimierte das Risiko erheblich, selbst zur Beute zu werden. Gefahren mussten aber nicht nur wahrgenommen, sondern auch an die Gruppe weitergegeben werden. Damit hatte der aufrechte Gang einen maßgeblichen Einfluss auf ein zunehmend komplexer werdendes Kommunikationssystem (Mimik, Gestik, Sprache), Sozial- und Kooperationsverhalten.

WAS BEDEUTET DAS FÜR UNSER LEBEN IM 21. JAHRHUNDERT?

Eines ist sicher: Ohne den aufrechten Gang wären wir nicht die, die wir heute sind. Unser Dasein auf der Erde hätte sich definitiv anders entwickelt. Ohne die Weiterentwicklung des Gehirns gäbe es kaum jene kulturellen, wissenschaftlichen, technischen (und zum Teil auch fragwürdigen) Entwicklungen, die uns heute als selbstverständlich erscheinen. Wir können uns geistig und emotional austauschen, schöpferisch sein, Forschung betreiben, künstliches Leben schaffen, umweltverträglichere Autos entwickeln, mit dem Flugzeug weite Distanzen überwinden, in vernetzte, virtuelle Welten eintauchen – und damit allerdings auch jeglichen Bodenkontakt verlieren. Dennoch sind wir auch im digitalen Zeitalter archaischer, als wir denken. Erkenntnissen der Evolutionsmedizin zufolge hat sich unser Körper seit der Steinzeit kaum verändert und passt deshalb nicht mehr so recht zu unserem modernen Lebensstil, was zu Einschränkungen und Krankheiten führen kann, zum Beispiel zu schwachen Muskeln und Gelenkverschleiß, aber auch zu Zivilisationskrankheiten wie Herz-Kreislauf-Erkrankungen, Bluthochdruck, Übergewicht, Diabetes, Krebs und mentalen Erkrankungen. Unser Problem: Wir leben nicht mehr im Einklang mit unserem biologischen Erbe.

Doch es gibt auch gute Nachrichten: Das naturnahe Leben unserer Vorfahren wirkt sich trotz mancher zivilisatorischer Entgleisungen unserer Überflussgesellschaft auch heute noch positiv auf uns aus. Selbst im modernen Bürohengst steckt ein Steinzeitmensch. Schließlich waren unsere Vorfahren mehr als 300 000 Generationen lang als Jäger und Sammler unterwegs und legten täglich weite Strecken zu Fuß zurück. Die damit verbundenen uralten Instinkte wirken auch heute in uns fort, sie liegen uns in den Genen. Eindrucksvolles Beispiel: Wenn wir uns draußen bewegen, etwa bei einem Spaziergang, erinnern sich Körper und Psyche daran, dass wir eigentlich in der Natur zu Hause sind. Schon fünf Minuten im Freien wirken sich positiv aufs Wohlbefinden aus, senken den Stresslevel und steigern unser Selbstbewusstsein.[4] Das heißt: Alles, was wir brauchen, haben wir bereits in uns! Wie wir lernen, unseren archaischen Instinkten wieder mehr zu vertrauen, zeigen die Körperübungen am Kapitelende.

AUFRECHTER GANG, AUFRECHTE HALTUNG, AUTONOMIE

Gehen macht uns Geschwindigkeit erst richtig bewusst (im Auto spüren wir nicht wirklich, wie schnell wir unterwegs sind) und stärkt das positive Gefühl in uns, unser Leben autonom zu steuern. Wer geht, gerät nicht aus dem Takt, weil er seinem persönlichen Tempo folgt. Wer geht, ist sich seiner selbst bewusst, weil er seinen eigenen Weg einschlägt. Und wer sich seiner selbst bewusst ist, wirkt authentischer.

Dieses Bewusstsein verändert auch unsere innere Haltung. Wir sind nicht länger Getriebene, sondern Akteure und fühlen uns weniger fremdbestimmt, selbst wenn sich der äußere Rahmen, in dem wir uns täglich bewegen und behaupten müssen, nicht verändert hat. Das gibt uns mehr Sicherheit und wirkt auch nach außen: Mit einer aufrechten Haltung entwickelt man mehr Rückgrat im täglichen Leben. Sie ist ein Zeichen für innere Stärke und verleiht uns eine kraftvolle Ausstrahlung, was wiederum ein starkes Signal für unser Gegenüber ist: Wer aufrecht geht, begegnet dem anderen auf Augenhöhe, souverän und im Idealfall mit Respekt.

Natürlich sagt auch unser Gang mehr über uns aus, als wir denken. Er ist unverwechselbar, zeigt, wie sehr wir in der Gegenwart verankert sind, mit welcher Grundhaltung wir dem Leben begegnen (offensiv oder defensiv, aktiv oder passiv, zuversichtlich oder zögerlich …) und verrät viel über unsere momentane Stimmung. Sind wir fröhlich und verliebt, gehen wir beschwingt und meist schneller, als wir es normalerweise tun. Sind wir traurig oder verunsichert, tendieren wir in der Regel dazu, gebeugt und etwas langsamer zu gehen.

Auf meinen Reisen durch Schwarzafrika bin ich immer wieder beeindruckt von den Menschen, die am Straßenrand täglich viele Kilometer zu Fuß unterwegs sind, um an ihre Arbeitsstelle zu kommen. Hätten sie die finanziellen Mittel, würden sie die weiten Strecken wohl lieber mit dem Fahrrad, Sammeltaxi oder eigenen Auto zurücklegen. Trotzdem gehen sie mit einem gewissen Selbstverständnis. Ihr Tempo ist maßvoll, ihre Bewegungen wirken natürlich und anmutig. Auch sie haben Termine und Verpflichtungen, aber keine Eile.
Wenn ich dann nach Hause zurückkehre, fallen mir als Erstes die vielen großen Autos, asphaltierten Straßen und Menschen auf, die hektisch und mit nach vorn gebeugtem Oberkörper die Straße entlanggehen, ihren Blick auf den Boden richten oder mit elektronischem Spielzeug beschäftigt sind und gar nicht mehr bemerken, wenn ihnen jemand entgegenkommt. Ich will das alles nicht bewerten, finde nur: Es geht auch anders.

ÜBUNGEN

Sich gut erden

Entschleunigung auf Knopfdruck geht nicht! Wir bewegen uns beruflich und privat auf einem hohen Reizniveau, laufen also zu hochtourig, um uns übergangslos auf etwas Neues einzulassen. Mit der Grounding-Methode des verstorbenen US-Psychotherapeuten Alexander Lowen gewinnen Sie mehr Bodenhaftung. Durch die langjährige körperorientierte Arbeit mit seinen Patienten kam Lowen zu der Erkenntnis, dass die Qualität des Bodenkontakts mit den Füßen darüber Auskunft gibt, wie verwurzelt und eigenständig ein Mensch ist. Anders ausgedrückt: Nur wer mit beiden Beinen fest auf dem Boden steht, kann sich nach oben öffnen. So einfach geht's:

Schuhe und Strümpfe ausziehen, gerade hinstellen, Beine hüftbreit öffnen, Arme locker hängen lassen. Fühlen Sie, wie Sie über den Fußkontakt mit dem Boden verbunden sind? Stellen Sie sich nun vor, sanft von einem Faden am Kopf zur Decke gezogen zu werden. Stück für Stück wachsen Sie (unten fest verankert) in die Höhe. Fünf Minuten so bleiben, dabei bewusst atmen! Gehen Sie danach zwanzig Minuten im Park oder eigenen Garten spazieren. Und lassen Sie auftauchende Gedanken vor Ihrem geistigen Auge wie einen Vogelschwarm an sich vorbeiziehen ...

Die Kraft der Erde spüren

Auf einer Reise durch Uganda konnte ich zum ersten Mal Pygmäen vom Stamm der Batwa besuchen. Ich war sehr erstaunt über die Art und Weise, wie sie sich beim Tanz bewegten. Mit nackten Füßen stampften sie derart energisch auf die staubige rote Erde auf, dass die dadurch entstehende Vibration auch in meinem Körper spürbar war. Durch die Verbindung mit dem Boden nahmen die Pygmäen die Kraft der Erde auf. Sie waren sehr konzentriert, um den energetischen Kreislauf zwischen Erde und Mensch nicht zu unterbrechen.

Entdecken Sie Ihre eigenen archaischen Wurzeln! Suchen Sie sich draußen einen möglichst weichen Untergrund, zum Beispiel Erde, Heu, Laub, Moos, Reisig oder Sand und stampfen Sie (soweit es Kondition und Gelenke zulassen) abwechselnd mit dem linken und dem rechten Bein auf den Boden auf. Diese Übung bringt Sie mit Ihrer wilden, ursprünglichen Seite in Berührung, die wir viel zu wenig spüren, weil sie im Alltag keinen Platz findet. Wenn es Ihnen unangenehm ist, in der Öffentlichkeit zu üben, nehmen Sie zu Hause einfach ein Kissen oder eine zusammengelegte Decke als Unterlage. Ihre Kinder (zumindest die kleinen) werden begeistert mitmachen.

Den natürlichen (Zeit-)Rhythmus finden

Spätestens seit Albert Einsteins Relativitätstheorie wissen wir, dass Zeit relativ und abhängig vom Bewegungszustand des Betrachters ist. Anders gesagt: Unser Zeitempfinden ist subjektiv. Meist haben wir das Gefühl, dass die Zeit wie im Flug vergeht und 24 Stunden nicht ausreichen, um den Alltag zu bewältigen. Und was tun wir: Wir beschleunigen unser Tempo und fühlen uns im Rausch der Schnelligkeit erst recht getrieben und fremdbestimmt. Eigentlich sollten wir genau das Gegenteil tun: langsamer werden. Denn die meiste Zeit verliert man definitiv dadurch, dass man Zeit gewinnen will. Je mehr wir sie zu fassen versuchen, desto mehr entzieht sie sich unserem Zugriff. Das klingt paradox, und das ist es auch. Es erinnert an die Zeitdiebe aus Michael Endes *Momo*.

Ein sicheres Zeichen dafür, dass Sie zu schnell und aus dem Takt sind: Ihnen passiert ein Malheur nach dem anderen. Es fällt Ihnen alles runter, Sie lassen Ihren Wohnungsschlüssel im Schloss stecken, stolpern über eine Stufe, und, und, und ... Um diesen unheilvollen Kreislauf zu durchbrechen, gibt es eine sehr wirkungsvolle Entschleunigungsübung: Sie bleiben ganz einfach stehen (egal, wo Sie sind), sagen innerlich Stopp und gehen erst dann weiter, wenn Sie einen inneren Impuls spüren. Auf diese Weise finden Sie in Ihren natürlichen

(Geh-)Rhythmus zurück und schaffen Abstand zu den vermeintlich dringenden Dingen.

Sich gehen lassen

In einer Welt, in der unser Tagesablauf von morgens bis abends vorgegeben ist, nichts dem Zufall überlassen wird und ständig neue Entscheidungen zu treffen sind, fällt es schwer, auf den eigenen Instinkt zu vertrauen. Diese Übung hilft:

Gehen Sie einfach drauflos! Wichtig dabei: Überlegen Sie nicht, welchen Weg Sie einschlagen. Gehen Sie spontan, ohne Absicht und Ziel! Nicht Ihr Kopf, sondern Ihr innerer Kompass soll Sie dabei führen! Probieren Sie alle möglichen Gangarten aus: Machen Sie kurze und lange Schritte. Gehen Sie mal beschwingt, mal betont langsam, mal schnell, mal tänzelnd oder hüpfend wie ein Kind. Die ersten Male wird diese spielerische Art zu gehen sicher ungewohnt sein. Schließlich ist unser Handeln zielgerichtet und strukturiert, also alles andere als sprunghaft. Mit der Zeit werden Sie aber spüren, dass Ihre Seele die Richtung vorgibt.

Schritt für Schritt mehr Körpergefühl

Wie viele Schritte legen Sie an einem Tag schätzungsweise zurück?

Wie viele Fitness- beziehungsweise Wellnesstrends haben Sie in Ihrem Leben schon ausprobiert?

Wie oft haben Sie Ihr ehrgeiziges Vorhaben wieder aufgegeben?

Vertrauen Sie Ihrer Körperwahrnehmung?

Was wissen Sie über Ihre Füße?

Wann sind Sie das letzte Mal barfuß draußen gewesen?

Wissen Sie, wie es sich anfühlt, auf weichem, federnden Waldboden zu gehen?

Welche Gedanken, Assoziationen und Empfindungen lösen diese Fragen in Ihnen aus? Zu welchen Schlussfolgerungen kommen Sie? Vielleicht wird Ihnen gerade bewusst, dass Sie von den empfohlenen 10 000 Schritten pro Tag Lichtjahre entfernt sind. Vielleicht schleicht sich auch das schlechte Gewissen ein, weil Sie schon so viele Fitnessprogramme motiviert angefangen haben, aber nur selten durchhalten konnten. Natürlich liegt die Vermutung nahe, dass Sie sich für eine Bewegungsart entschieden hatten, die Ihren körperlichen und mentalen Bedürfnissen zu wenig entsprach oder Ihre Ziele einfach zu hochgesteckt waren. Nicht missverstehen: Wenn es Ihnen Freude macht, schnell und dynamisch mit Stöcken oder Hanteln zu walken, dann tun Sie es. Wenn Sie leidenschaftlich gern Trekken, Gipfel erstürmen oder auf eine andere sportliche Art die Grenzen Ihrer Belastbarkeit ausloten wollen, nur zu. Sie dürfen, aber Sie müssen nicht. Maßstab Ihrer Aktivitäten sollte immer Ihr persönliches Wohlbefinden sein und natürlich Ihre Konstitution beziehungsweise Ihr Gesundheitszustand. Halten Sie sich also nicht an Zielvorgaben oder Trainingsprogramme, wenn sie Ihnen nicht guttun und Ihr Stressniveau zusätzlich erhöhen. Ein sicheres Zeichen für Überforderung: Sie sind nach dem Training angespannter als zuvor.

Überlegen Sie einfach mal:
- In welchen Momenten fühle ich mich besonders wohl?
- Wann bin ich in meinem Element?
- Habe ich zu viel oder zu wenig Körperspannung und passt die ausgesuchte Bewegungsform deshalb nicht zu mir?
- Warum treibe ich Sport?
- Was sind meine Motive?
- Will ich etwas für meine Gesundheit tun oder geht es mir vor allem um einen ästhetischen Körper?
- Gebe ich mich nur mit schnellen Erfolgserlebnissen zufrieden und werde leicht ungeduldig, wenn vorzeigbare Resultate ausbleiben?

Manchmal ist unser Ehrgeiz einfach zu groß, weil wir uns an medialen Vorbildern orientieren, zu perfektionistisch sind oder unserem Körpergefühl zu wenig vertrauen. Das wissen auch Experten aus Forschung und Praxis. Ihre Empfehlung: langsam starten, um die Motivation aufrechtzuerhalten und nicht in die Frustrationsfalle zu tappen. Diese Maxime gilt vor allem dann, wenn wir bisher einen eher passiven, bewegungsarmen Lebensstil gepflegt haben und erst einmal in Schwung kommen wollen. Gerade für Neueinsteiger, Wiedereinsteiger (nach einer Krankheit, verletzungsbedingten Pause oder

Schwangerschaft), für Unsportliche und vermeintliche Bewegungsmuffel ist Gehen die ideale Bewegungsform.

SANFTE AKTIVITÄT MIT SCHÜTZENDEM POTENZIAL

Gehen ist die beste Medizin. Schon Hippokrates kannte die heilsame Kraft des Gehens. Doch irgendwann geriet dieses Wissen wie vieles andere auch in Vergessenheit. Dass zu Fuß gehen für die Funktionsfähigkeit unseres Bewegungsapparats wichtig ist und die Gelenke schont, ist bekannt. Dennoch setzten Sportmedizin und Fitnessindustrie lange Zeit auf sportliche Aktivitäten mit hoher Trainingsintensität, die in erster Linie auf Leistungssteigerung und Stärkung des Herz-Kreislauf-Systems abzielten. Mittlerweile erkennen Forscher immer deutlicher, dass nicht unbedingt Sport, sondern Bewegung der Schlüssel für unsere Gesundheit ist. Dazu gehört auch ganz normale Alltagsbewegung, beispielsweise das Gehen. Selbst leistungsorientierte Sportmediziner vertreten heute die Ansicht, dass moderate körperliche Aktivität (fünfmal pro Woche zwanzig Minuten) das gesundheitliche Optimum ist. Zumindest für alle, die eine geringere physische Leistungsfähigkeit haben. Laut Deutscher Sporthochschule Köln sind das rund 70 Prozent der Bevölkerung.

Erleichternd und motivierend: Unser Körper reagiert schneller als wir denken auf die heilsame Wirkung von Bewegung! Schon mit den ersten Treppenstufen, die wir zusätzlich gehen, passt sich unser Organismus den neuen Herausforderungen an. Das Herz arbeitet ökonomischer, die Muskeln werden effizienter. Und nicht nur das:

> »Wer 30 Minuten täglich zügig zu Fuß geht, senkt mit diesem simplen und erholsamen Spaziergang sein Risiko für viele Zivilisationskrankheiten körperlicher und seelischer Art bereits um 30 Prozent.«[5]

Verblüffend: Unser Körper unterscheidet letztlich nicht zwischen Sport und Alltagsaktivität. Er braucht nur einen Stimulus, also Reize, um sich an eine neue Belastung anzupassen. Entscheidend ist die Kontinuität: Unsere Muskeln (dazu gehört auch unser Herz), Sehnen, Bänder und Gelenke, unser Stoffwechsel und unser Gehirn arbeiten nur dann optimal, wenn wir uns möglichst viel und regelmäßig bewegen, also langfristig einen aktiven Lebensstil etablieren.

Das optimale Bewegungsprogramm zur Förderung der Gesundheit (zur Vorbeugung von Krankheiten und therapiebegleitend) besteht aus einer Kombination von Ausdauer, Kraft und Koordination. Der Ausdauer kommt dabei eine besondere Bedeutung zu. Sie ist umso wichtiger, je älter wir werden. Aus sportmedizinischer Sicht bedeutet Ausdauer die Fähigkeit, eine bestimmte körperliche Belastung über einen längeren Zeitraum hinweg aufrechtzuerhalten. Man unterscheidet zwischen aerober und anaerober Ausdauer. Als ideal gilt aerobes Ausdauertraining, bei dem die Energie vollständig durch Verbrennung mit Sauerstoff erzeugt werden kann.

EXKURS: MEHR AUSDAUER UND VITALITÄT

Für alle, die ihre Ausdauer steigern wollen, sind moderate Sportarten wie Wandern oder Walken (flottes Gehen mit betontem Armeinsatz) gute Alternativen. Wichtig fürs Walken: Ab vierzig und bei vorhandenen Risikofaktoren (zum Beispiel Blutdruck über 140/90, erhöhte Blutfettwerte) ist der vorherige Besuch beim Arzt obligatorisch. Hier ein Überblick über die wichtigsten positiven Effekte des Gehens für Ihre Gesundheit und Fitness:

Gelenke werden entlastet, Knochen gestärkt: Gehen ist gelenkschonender als beispielsweise das Joggen. Beim Laufen kommt es Schritt für Schritt zu einer abrupten Belastung der Hüft-, Knie- und Sprunggelenke. Beim Wandern oder Walken ist der

Aufprall ungleich geringer, wovon sehr große und/ oder übergewichtige Menschen besonders profitieren. Die Beinmuskeln, Knochen, Knorpel, Gelenke, Sehnen, Bänder und Bandscheiben werden gestärkt. Der Knochenstoffwechsel verbessert sich, vor allem in den Beinen. Das schützt langfristig vor Osteoporose.

Körperhaltung verbessert sich: Die Zunahme sitzender Tätigkeiten führt zu immer mehr Schäden an der Wirbelsäule und den Gelenken. Alarmierend ist, dass auf Platz eins der häufigsten Erkrankungen Muskel- und Skeletterkrankungen stehen (Quelle: Bundesverband der Betriebskrankenkassen). Umso wichtiger: Durch Gehen wird die Haltemuskulatur des Körpers trainiert, wodurch sich die Statik der Wirbelsäule und damit die Körperhaltung verbessern. Insgesamt werden Gelenke, Sehnen und Wirbelsäule beispielsweise beim Walken um zwei Drittel weniger belastet als beim Jogging.

Immunsystem wird gestärkt: Eine weniger intensive, aber länger andauernde Bewegung (wie beim Wandern) stärkt das Immunsystem. Die Bildung natürlicher Abwehrzellen (sogenannte Killerzellen) wird mobilisiert, vorausgesetzt wir gehen regelmäßig.

Stoffwechsel normalisiert sich: Für unseren Stoffwechsel gibt es nichts Besseres als regelmäßige Bewegung! Auch hier kommt es auf ausdauernde, langfristig durchgehaltene Aktivitäten bei einem mittleren bis niedrigen Intensitätsniveau im aeroben Trainingsbereich an, der genug Sauerstoff für einen reibungslosen Fettstoffwechsel liefert. Das gesundheitsschädliche LDL-Cholesterin (an der Entstehung von koronaren Herzkrankheiten beteiligt) wird gesenkt, der Spiegel des gesundheitsfördernden HDL-Cholesterins steigt. Das geht aber nicht von heute auf morgen. Der Organismus braucht etwa drei Monate, um den Stoffwechsel umzustellen. Das zeigt auch eine aktuelle Studie der Deutschen Sporthochschule Köln: 3000 Schritte mehr am Tag (rund 2,5 Kilometer zusätzlicher Fußweg) wirken sich positiv auf Stoffwechsel und Blutfette aus. Nach drei Monaten verbesserten sich bei den Studienteilnehmern durch die einfache Extrabewegung die Cholesterinwerte, die Sauerstoffaufnahme und die Ausdauer! Ein Schrittzähler aus dem Fachhandel hilft, das tatsächliche Mehr an Schritten zu bestimmen.

Gewichtsreduktion wird erleichtert: Je öfter und länger wir in Bewegung sind, desto eher holen sich die Muskeln ihre Energie aus den Fettdepots, überschüssiges Körperfett wird verbrannt. Das geht mit längerem Walken besonders gut.

Insulinbedarf wird gesenkt: Besserer Schutz vor Diabetes und Folgekrankheiten (beispielsweise Arteriosklerose).

Herzleistung verbessert sich: Durch regelmäßiges Gehen vergrößert sich das Herzvolumen, das Herz wird leistungsfähiger. Puls und Blutdruck sinken, die Fließeigenschaften des Blutes und der Zustand der Blutgefäße werden verbessert, was das Herzinfarktrisiko minimiert.

Bronchien und Lunge werden entlastet: Schon einfaches Gehen an der frischen Luft hilft, Schadstoffe leichter aus der Lunge zu entfernen. Das Atemzugvolumen wird erhöht, der Atemrhythmus harmonisiert, die Hautdurchblutung verbessert, der Teint rosiger.

Krebsrisiko sinkt: Moderate Bewegung hält den Östrogenspiegel im Blut niedrig. Das Sexualhormon Östrogen steht im Verdacht, die Tumorbildung zu fördern (beispielsweise Brustkrebs). Der positive Effekt entsteht aber nur im aeroben Trainingsbereich, wenn Sie noch gut atmen können.

Fazit: Gehen macht uns gesünder, vitaler und attraktiver! Dranbleiben lohnt sich also!

BEWEGUNGEN BEWUSST WAHRNEHMEN

»Gehen ist kein Sport«, meint der französische Philosoph Frédéric Gros. Ich denke: Gehen ist weit mehr als Sport. Sportliche Aktivitäten sind leistungs- und ergebnisorientiert, mit Regeln, Disziplin, Ehrgeiz, Anstrengung und meist mit Vorbereitung verbunden, wogegen auch nichts einzuwenden ist, solange wir unseren Körper und seine natürlichen Grenzen respektieren.

Entscheidend für unser körperlich-seelisches Gleichgewicht ist, dass wir uns auch ohne Anstrengung in unserem Körper zu Hause fühlen.

Das gelingt uns besonders gut, wenn wir unserer Natur entsprechend leben, also unser evolutionäres Erbe achten, und ein gutes Körpergefühl entwickeln, das heißt unserem Körper und seinen Reaktionen vertrauen können. Doch daran hapert es vielerorts, weil unser zunehmend im Sitzen verbrachter Alltag zur Folge hat, dass unsere Körperwahrnehmung und Koordinationsfähigkeit mehr und mehr nachlassen. Letztere macht uns in Alltagssituationen belastbarer: Je besser unsere Koordinationsfähigkeit ist, desto schneller und adäquater können wir reagieren, beispielsweise bei einem Sturz.

Vielleicht haben Sie schon mal einen Feldenkrais-Kurs besucht? Die von Moshé Feldenkrais entwickelten Übungen zielen darauf ab, auch kleinste Bewegungen bewusst wahrzunehmen. Selbstverständlich eignen sich auch Entspannungs- und Balancing-Methoden wie Progressive Muskelentspannung, Yoga, Pilates oder die chinesische Bewegungstherapie Qigong, um ein besseres Gespür für den eigenen Körper und seine feinsten Schwingungen zu entwickeln. Beim Qigong zum Beispiel lernt der Übende, seine Lebensenergie (Qi) zu spüren, den Energiefluss zu stärken und so Blockaden aufzulösen. Betont langsame, fließende Bewegungen und ein guter Kontakt zum Boden sind bei der Ausführung der Übungen entscheidend. Aber auch ohne fernöstliche Heilkunst bieten unsere Füße eine ausgesprochen wirksame und genussvolle Möglichkeit, die Qualität unserer Empfindungen zu verbessern. Besonders Barfußgehen verfeinert unsere Wahrnehmungen und bringt uns auf sehr sinnliche Weise mit uns selbst in Kontakt.

Nur, was tun wir? Die meiste Zeit stecken wir unsere Füße in zu enge, zu hohe oder zu flache und bequeme Schuhe, die unseren Gang, unsere Haltung und die Form unserer Füße verändern oder unsere Fußmuskulatur auf Dauer träge machen, weil sie nicht gefordert wird und die Spannung fehlt. Füße wollen nicht einfach nur bewegt werden. Sie brauchen Abwechslung, sprich unterschiedliche Reize. Meist nehmen wir sie erst dann richtig wahr, wenn sie schmerzen und gesundheitliche Probleme bereiten. Bis vor Kurzem habe ich da keine Ausnahme gemacht. Wie wichtig gesunde Füße sind und wie hilflos man ist, wenn sie plötzlich nicht mehr funktionieren, wurde mir schmerzhaft bewusst, als ich mit meinem eleganten rechten Absatz am Bordstein hängen blieb und mir einen Bänderriss zuzog.

WUNDERWERK FÜSSE

Aus Schmerzen wird man klug. Heute bringe ich meinen Füßen wesentlich mehr Aufmerksamkeit und Wertschätzung entgegen. Füße sind ein Wunderwerk der Natur! Ohne sie geht im wahrsten Sinne des Wortes gar nichts! Wussten Sie zum Beispiel, dass die gesamte Statik der Wirbelsäule bei den Füßen beginnt, dass unsere Füße eine eigene Sprache sprechen und einiges über die Persönlichkeit beziehungsweise unser Seelenleben verraten? Heiße Füße weisen auf angestaute Emotionen hin, kalte Füße auf mangelnde Erdung und feuchte Füße gehören oft hochsensiblen Menschen, die ihre Gefühle zu wenig ausleben. Harmonische Zehen sind gerade und verfügen über genügend Bodenkontakt. Dagegen zeigen seitliche

Verformungen der großen Zehen blockierte Energie und eine zu große Anpassung an den Weg anderer. Senk- und Plattfüße symbolisieren die Suche nach Sicherheit, Stabilität und Halt. Hohlfüße sind schlechte »Blitzableiter«, was zur Folge hat, dass die Spannung im Inneren der Füße bleibt. Knickfüße zeigen, dass Urvertrauen und Verankerung zu wenig ausgeprägt sind und ein stabiles Fundament im Leben wichtig ist. Krallenzehen deuten auf einen perfektionistischen Charakter hin. Und Menschen mit Spreizfüßen neigen laut Fußpsychologie zur Überforderung. Für sie ist es besonders wichtig, die Grenzen ihrer Belastbarkeit auszuloten und im übertragenen Sinn kleine statt große Schritte zu machen.

Das Anforderungsprofil an unsere Füße ist enorm: Standfestigkeit, Gleichgewicht, Stoßdämpfung und Leichtfüßigkeit haben wir ihnen zu verdanken. Anatomisch gesehen besteht der menschliche Fuß aus 26 Knochen, die über 33 Gelenke miteinander verbunden sind und von 20 Muskeln sowie 114 Bändern stabilisiert und in Bewegung gehalten werden. Damit nicht genug: Fast ein Viertel der Knochen des gesamten menschlichen Körpers finden sich in unseren beiden Füßen. In ihnen spiegelt sich der ganze Körper. Genauer gesagt: Unsere Füße sind mit den inneren Organen derart verbunden, dass diese von der Fußsohle über Reflexpunkte massiert werden können.

Einen ähnlichen Effekt hat Barfußgehen. Worauf warten Sie? Raus aus den Socken!

ÜBUNGEN

Ins Spüren kommen

Diese Übung weckt Ihr Fußbewusstsein und viel mehr ...

Suchen Sie sich einen Weg, dessen Untergrund sicher und angenehm für Ihre Füße ist (vielleicht ein Waldboden oder eine Wiese). Möglicherweise gibt es auch einen abwechslungsreichen Barfußpfad in Ihrer Nähe, der mit verschiedenen Materialen ausgestattet ist (siehe auch letztes Hauptkapitel ab Seite 153).

Gehen Sie auf Ihrem gewählten Untergrund eine Zeit lang barfuß. Wie nehmen Sie den Untergrund wahr? Weich, kühl oder warm? Wie fühlen sich Ihre Füße an? Auf alle Fälle wacher, oder? Konzentrieren Sie sich jetzt bei jedem Schritt auf Ihr Becken. Wie fühlt es sich an, steif oder beweglich? Versuchen Sie, möglichst geschmeidig zu gehen. Spüren Sie Ihren Beckenboden? Der Kontakt der Fußsohlen mit dem Boden wirkt sich unmittelbar auf den Beckenboden aus. Mit etwas Übung werden Sie schon bald entdecken, wie viel Sinnlichkeit in jeder Faser Ihres Körpers steckt.

Leider macht Barfußgehen nicht immer und nicht jedem Freude. Zum Beispiel, weil man seine Füße falsch belastet oder chronische Fußprobleme hat. Die folgenden Übungen sind ideal für zu Hause und orientieren sich am Basisübungsprogramm »Gut zu Fuß« der Spiraldynamik®-Fußschule[6] (da die Übungen aufeinander aufbauen, bitte die Reihenfolge einhalten). Wahrnehmung, Beweglichkeit, Kräftigung und Koordination werden bei regelmäßigem Training gefördert, was Ihr Fuß- und Körperbewusstsein stärkt. Nicht nur das: Bewegungen mit den Füßen sind derart wirkungsvoll, dass sie im Gehirn die Oberhand über die Emotionszentren gewinnen und sich dadurch stabilisierend auf unser emotionales Gleichgewicht auswirken!

Wie ein Bambus im Wind

Die folgende Wahrnehmungsübung (die Sie in abgewandelter Form vielleicht schon aus dem Qigong kennen), schärft Ihren Sinn für die optimale Druckverteilung im Fuß, was Fehlbelastungen und Schmerzen vorbeugt. Sie verbessert Ihren Gleichgewichtssinn und vermittelt so mehr Standfestigkeit.

Sie stehen hüftbreit und bequem, Knie leicht gebeugt. Schließen Sie die Augen und atmen Sie ruhig und gleichmäßig. Wenn Sie Ihr Gleichgewicht leicht verlieren, schließen Sie Ihre Augen nur halb und stellen sich beispielsweise in einen Türrahmen, damit Sie sich notfalls an der Türklinke festhalten können. Fangen Sie jetzt langsam und kontrolliert zu pendeln an: aus der Mitte nach links und rechts, vor und zurück. Durch das Pendeln verändert sich die Druckverteilung in Ihren Füßen. Versuchen Sie, den Bodenkontakt so intensiv und so lange wie möglich wahrzunehmen: Erspüren Sie die Auflagefläche, die Hauptbelastungszonen und den Spannungszustand der Zehen. Lassen Sie das Schwingen Ihres Körpers zu und finden Sie Ihren Rhythmus. Pendeln Sie sich zum Schluss in der Mitte ein. Spüren Sie noch etwas nach, bevor Sie die Augen wieder öffnen. Lassen Sie sich zehn Minuten Zeit für diese Übung.

Kinderleicht beweglich werden

Beneidenswert, wie beweglich Säuglinge sind! Sie lassen ihre Füße kreisen, nehmen sie in die Hand, bewegen ihre Zehen ... Das schaffen wir auch!

Setzen Sie sich bequem auf einen Stuhl, Ihre Füße und Unterschenkel bilden einen rechten Winkel. Ziehen Sie ein Bein heran, umfassen Sie Ihr Knie mit beiden Händen und kreisen Sie Ihren Fuß zwanzigmal im und zwanzigmal gegen den Uhrzeigersinn. Wiederholen Sie die Übung mit dem anderen Bein.

Eine Variation aus der Spiraldynamik®, die »Fußspirale«: Nehmen Sie einen Fuß in beide Hände. Eine Hand umfasst die Ferse, die andere den Vorfuß. Jetzt den Fuß mit beiden Händen vorsichtig (!) wie ein Handtuch »auswringen«. Die Ferse dreht nach außen, der Vorfuß nach innen. Wiederholen Sie die Bewegung rhythmisch und lassen Sie sich für jeden Fuß zwei bis fünf Minuten Zeit.

Diese Übung belebt den Vorfuß, der besonders beim Tragen zu hoher Schuhe belastet wird, und kräftigt die Ballenmuskulatur. Sie brauchen dafür eine Küchenrolle, können aber auch Papiertaschentücher als Hilfsmittel verwenden.

Setzen Sie sich auf einen Stuhl. Reißen Sie zwei Blätter von der Küchenrolle ab (für jeden Fuß ein Blatt) und legen Sie sie auf den Boden. Versuchen Sie jetzt, die Blätter mit den Zehen beider Füße zu greifen und aufzuheben. Gar nicht so leicht, oder? Steigern Sie die Anzahl der Wiederholungen langsam (für den Anfang reichen drei Wiederholungen). Zwischendurch eine kleine Pause einlegen, damit die Füße nicht verkrampfen!

Flamingo (Einbeinstand)

Eine anspruchsvolle Spiraldynamik®-Übung mit vielen präventiven Effekten – sie stabilisiert die Knie, sorgt für mehr Gleichgewicht, Gangsicherheit und Kraft in den Beinen.

Halten Sie sich mit einer Hand irgendwo fest, an einem Geländer beispielsweise oder dem Waschbecken. Stehen Sie entspannt, verlagern Sie das Gewicht auf das rechte Bein und heben Sie vorsichtig das linke Bein. Dreißig Sekunden so bleiben und möglichst ruhig stehen. Fuß absetzen, kurz entspannen, dann Seitenwechsel. Beide Seiten mehrmals wiederholen.

Beim Einbeinstand kommt es auf eine besonders exakte Ausführung an. Ideal ist es, vor einem Spiegel zu üben. Darauf sollten Sie achten: Die Ferse des Standbeins steht lotrecht (nicht nach innen einknicken), die Kniescheibe »schaut« geradeaus nach vorn. Der Körperschwerpunkt bleibt über der einfüßigen Standfläche zentriert, das Becken verschiebt sich also nicht zur Seite. Meine Physiotherapeutin gab mir übrigens den Tipp, die Übung morgens und abends in mein persönliches Pflegeprogramm zu integrieren, beispielsweise beim Zähneputzen. Auf diese Weise wird der Einbeinstand wie die Zahnpflege schnell zur täglichen Routine.

In Zeitlupe gehen

Diese Übung sorgt für geschmeidige Füße, mehr Gleichgewicht und hilft, anatomisch richtig zu gehen.

Gehen Sie im Zeitlupentempo. Setzen Sie die rechte Ferse weich und gerade auf. Knie gerade halten, Füße möglichst parallel. Langsam das Körpergewicht auf den Fuß geben, die Ferse bleibt gerade, die Balance halten (trotz zittriger Knie und wackliger Füße). Den Fuß über den Vorfuß langsam abrollen und sanft abstoßen, dann die linke Ferse auf den Boden aufsetzen. Wichtig: Machen Sie keine zu großen Schritte, sonst besteht die Gefahr, das Gleichgewicht zu verlieren. Gehen Sie in Zeitlupe, so lange es Ihnen guttut!

Ausbalanciert

Bei der folgenden Spiraldynamik®-Übung (»Fersen-Proprio«) wird die stabilisierende Fuß- und Unterschenkelmuskulatur trainiert. Das schützt die Sprunggelenke, erhöht die Gangsicherheit und verbessert die Koordination.

Stellen Sie sich mit beiden Beinen auf eine labile Unterlage wie beispielsweise eine eingerollte Bademette. Sorgen Sie am besten für eine Haltemöglichkeit im Notfall, beispielsweise einen Türgriff. Versuchen Sie jetzt, maximal dreißig Sekunden freihändig auf der

Wackelunterlage zu stehen, möglichst ohne mit den Fersen nach innen einzuknicken. Halten Sie das Gleichgewicht!

Ihre Füße passen sich bei dieser Übung den Wackelbewegungen auf der instabilen Unterlage an. Bewegung und Gegenbewegung laufen blitzschnell ab, die Stabilität in den Sprunggelenken wird reflexartig trainiert.

Geschafft! Wie geht es Ihnen jetzt? Wie fühlen sich Ihre Füße an? Beweglicher, wärmer, schmerzfreier? Genießen Sie Ihre neu gewonnene Leichtfüßigkeit, legen Sie die Beine hoch! Im nächsten Kapitel geht es zunächst mal um Gedankengänge …

Schritt für Schritt mehr Gelassenheit

Kennen Sie Ihre inneren Antreiber?

Wie wichtig ist es Ihnen, am Puls der Zeit zu sein?

Können Sie den Moment genießen oder fällt es Ihnen schwer, abzuschalten und zur Ruhe zu kommen?

Lassen Sie sich spontan auf Neues ein?

Schätzen Sie auch die einfachen Dinge des Lebens?

Was bedeutet Genuss für Sie?

In welchen Momenten fühlen Sie sich besonders gelassen?

Was nehmen Sie von Ihrer Umgebung wahr, wenn Sie draußen sind?

Welchen Stellenwert hat die Natur für Sie?

Setzen Sie sich gern den Elementen der Natur aus?

Gelassenheit verspricht Glückseligkeit. Je straffer unser Alltag abläuft, desto mehr sehnen wir uns danach, die Dinge des Lebens aus einer gleichmütigen Perspektive zu betrachten. Interessanterweise führte Meister Eckhart den Begriff »Gelassenheit« um 1300 in die deutsche Sprache ein und verstand darunter »sich in Gott lassen«. Gelassenheit war für den christlichen Mystiker an Gottvertrauen und ein absichtsloses Leben gebunden.

Was verbinden Sie persönlich mit dem Wort Gelassenheit? Sicher die Fähigkeit, unaufgeregt und besonnen auf etwas zu reagieren. Welche inneren Bilder tauchen vor Ihrem geistigen Auge auf? Ich selbst sehe mich entspannt auf einem sanft abgerundeten Hügel sitzen und in eine unendliche Weite blicken – nichts wollend, nichts wertend, den Augenblick wahrnehmend ...

Gelassenheit ist mehr als eine entspannte oder abgeklärte Haltung. Jeder, der eine spirituelle Praxis kennt, weiß, dass es sich um einen Zustand des Seins handelt, den wir nicht herbeizaubern können. Schon gar nicht im Alltagsleben. Da fühlen wir uns eher wie Getriebene. Vielleicht überlegen Sie gerade, was Ihre inneren Antreiber sind. Die äußeren Antreiber in Ihrem Leben kennen Sie: der Chef, die Kollegen, der Lebenspartner, die Freunde, Geschwister, Eltern, Kinder etc. Jeder Mensch in Ihrem näheren Umfeld hat eine gewisse Erwartungshaltung Ihnen gegenüber. Sie sollen effektiv, belastbar, kommunikativ, kooperativ, unkompliziert, verständnisvoll, partnerschaftlich, liebevoll und nachsichtig sein. Am besten alles zur selben Zeit. Das ist anstrengend und manchmal auch nervig, gibt uns aber das elementar wichtige Gefühl, ein Teil des Ganzen zu sein. In der Gruppe finden wir trotz oder gerade wegen der dort ablaufenden dynamischen Prozesse unseren Orientierungsrahmen, im Idealfall auch Halt, der uns stärkt und uns die nötige innere Stabilität verleiht, um unseren Alltag gut zu bewältigen. Ein gewisses Maß an Dynamik, Durchsetzungsvermögen und Ehrgeiz ist dabei zweifellos eine wichtige Antriebsfeder, sonst würden wir (um im Bild zu bleiben) kaum in die Gänge kommen und unsere Vorhaben nicht in die Realität umsetzen.

WAS UNS SCHWÄCHT UND WAS UNS STÄRKT

Die eigentliche Belastung, die uns mental schwächen und auf Dauer krank machen kann, beginnt an einer anderen Stelle: Erst wenn die erhoffte Anerkennung oder Wertschätzung im Berufs- und Privatleben ausbleibt, geraten wir unter Druck und in einen Zustand der Instabilität. Wir fühlen uns verunsichert und überfordert. Die Angst vor mangelnder Akzeptanz am Arbeitsplatz und die oft fehlende Abgrenzung zum Privatleben sind zentrale Antreiber, die uns zu Höchstleistungen anspornen, aber innerlich nicht mehr zur Ruhe kommen lassen. Die Spielregeln in der Arbeitswelt können wir nicht ändern, zumindest nicht als Einzelne. Die Spielregeln im Privatleben dürfen wir aber selbst aufstellen und unsere Beziehungen entsprechend stärken. Psychologen und Soziologen betonen immer wieder: Je tragfähiger unsere sozialen Bindungen und Netzwerke sind (Familie, Freunde, Nachbarschaft etc.), desto stärker ist auch der emotionale Rückhalt. Äußere Anforderungen und Widrigkeiten können uns dann weniger anhaben. Man spricht von Resilienz, von seelischer Widerstandsfähigkeit. Zweckgebundene, etwa aus rein beruflichen Gründen geknüpfte Netzwerke können uns diesen Schutz nicht geben.

Genauso wichtig ist, dass jeder über Ressourcen verfügt, die in ihm schlummern. Meist sind sie uns nur nicht bewusst, weil keine Nachfrage auf dem Wettbewerbsmarkt besteht. Wenn wir uns aber darüber klar werden, was uns in die Kraft bringt (zum Beispiel persönliche Interessen), können wir unser Potenzial auch besser aktivieren und in unseren Alltag integrieren. Diese lösungsorientierte Strategie macht uns unabhängiger von der Anerkennung durch andere – und das ist eine wichtige Voraussetzung für innere Gelassenheit.

Was bedeutet Leistung für Sie? Vielleicht beziehen Sie daraus Ihr ganzes Selbstbewusstsein. Dann geht es Ihnen wie vielen Menschen, die sich nur wertgeschätzt fühlen, wenn sie höchsten Ansprüchen genügen und ihr Ich »optimieren«, was immer das heißen mag. Das Problem dabei: Sie ignorieren Ihre wahren Bedürfnisse. Um zu Ihrem inneren Antreiber (in diesem Fall das Streben nach Perfektion) Nein sagen zu können, sollten Sie aufhören, alles, was Sie tun, unter ökonomischen Gesichtspunkten zu bewerten! Die bessere Strategie: Überlegen Sie, was Sie in Ihrem Leben stärkt! Also: Was ist wertvoll, vielleicht sogar heilig für mich? Mein Partner, meine Kreativität, mein soziales Engagement, Gott …? In welchen Lebensbereichen bin ich nicht perfekt, aber mit Begeisterung bei der Sache?

Fragen Sie sich gerade, was das alles mit dem Thema Gehen zu tun hat? Warum so ungeduldig? Ziel ist es doch, bewusst einen Gang zurückzuschalten und die Dinge aus einer gelassenen Perspektive zu betrachten. Geduld ist eine weitere Voraussetzung für Gelassenheit, und vermeintliche Umwege gehören zum Weg. Abgesehen davon können wir uns nur im Kontext zu der Zeit begreifen, in der wir leben. Gerade weil der Druck in einer leistungsorientierten Welt auf jedem Einzelnen lastet, suchen wir trotz Konkurrenz nach Resonanz, also nach Anklang und Verständnis. Klingt paradox, liegt aber in der Natur des Menschen. In uns allen steckt eine tiefe

Sehnsucht, gemocht, anerkannt und respektiert zu werden. Dieses Bedürfnis nach Harmonie und Zugehörigkeit erfüllt sich idealerweise im Austausch mit anderen. Problematisch daran ist nur, dass dadurch auch häufig die Konturen verwischen und man Gefahr läuft, die eigene Sichtweise aus den Augen zu verlieren. Wir sagen: Die Welt dreht sich immer schneller! Stimmt natürlich nicht. Wir selbst sind es, die sich auf der Überholspur des Lebens befinden und dazu neigen, Stress auch dort zu kultivieren, wo er gar nicht sein müsste. Wer einen vollen Kalender hat, ist gefragt. Wer von einem Termin zum anderen fliegt, gilt als erfolgreich. Nichts ist heute salonfähiger, als keine Zeit zu haben. Das trifft mittlerweile auf jede Altersklasse zu.

Auf der anderen Seite wächst bei vielen der verständliche Wunsch, die Dinge einfach mal wieder laufen zu lassen und sich von der hektischen Betriebsamkeit beziehungsweise »panischen Mobilmachung«, wie es der deutsche Philosoph Peter Sloterdijk umschreibt, zu verabschieden. Wir sind auf der Suche nach der verlorenen Zeit und wundern uns, dass wir in einer 24-Stunden-Gesellschaft, die ständig unterwegs ist und meist um sich selbst kreist, nur noch Zeitdiebe und Quälgeister finden, die uns daran erinnern, was wir alles nicht erledigt und vor allem noch nicht erlebt haben! Die Angst vor Stagnation beziehungsweise Stillstand ist ein starker innerer Antreiber und Saboteur.

Da heißt es: schneller, höher, weiter! Doch wer unter Druck steht, kann nicht loslassen, weil er zu sehr auf sich selbst fokussiert ist. Die oft angestrengte Beschäftigung mit dem eigenen Ich, den persönlichen Problemen und unerfüllten Wünschen verstärkt die Wahrnehmung derselben. Anders formuliert: Der Schuh drückt umso mehr, je stärker wir uns auf ihn konzentrieren. So entsteht zwangsläufig ein Gefühl von Rastlosigkeit und innerer Anspannung. Doch ohne die Fähigkeit loszulassen, ist Gelassenheit nicht möglich.

Loslassen ist die Kunst der Hingabe an den Moment, die wir nicht von heute auf morgen und nur dann erlernen, wenn wir aufhören, alles kontrollieren und perfektionieren zu wollen.

Sagen Sie sich: Perfektion ist langweilig! Das relativiert vieles. Oder denken Sie an Eckart von Hirschhausen: »Der sicherste Weg ins Unglück ist, Perfektion anzustreben.« Und das wirksamste Mittel gegen Selbstbezogenheit ist die Selbstvergessenheit. Und genau da sind wir wieder beim Gehen: Gehen erleichtert das Loslassen, macht uns selbstvergessen.

DAS PHÄNOMEN BURN-OUT

Ob Psychologen, Soziologen, Philosophen, Mediziner oder Medienmenschen – alle fragen sich: Ist es die persönliche Anspruchshaltung, die uns überfordert und auf Dauer lähmt? Oder sind es die wachsenden Anforderungen und die zunehmend fehlende Resonanz in der modernen Arbeitswelt, die das »erschöpfte Selbst« (wie es der französische Soziologe Alain Ehrenberg nennt), ausgebrannt zurücklässt? Der Begriff Burn-out ist in aller Munde, wird inflationär gebraucht und kontrovers diskutiert. Die möglichen Ursachen sind vielfältig, zumal es sich beim Burn-out um ein Erschöpfungssyndrom mit unterschiedlichen Symptomen handelt (zum Beispiel Reizbarkeit, Müdigkeit, gedrückte Stimmung) und die Grenze zur Depression fließend ist. Kritiker halten das Phänomen Burn-out für eine Modediagnose des 21. Jahrhunderts.

Fest steht: Der Druck auf jeden Einzelnen wächst. Vor allem Menschen, die zur Perfektion neigen und einen hohen Leistungsanspruch an sich selbst haben, sind gefährdet. Die WHO schätzt, dass Stresserkrankungen im Jahr 2020 weltweit die zweithäufigsten Erkrankungen sein werden.

Da fällt mir gerade ein: Vielleicht sitzen wir alle zu sehr im Kopf! Vielleicht sollten wir weniger Nabelschau betreiben, etwas weniger über uns selbst nachdenken und mehr mit dem Herzen sehen …? Wer sich ausgebrannt fühlt, war auch mal Feuer und Flamme für etwas. Wofür konnte er sich früher begeistern, was hat ihn in Bewegung gebracht? Leidenschaftlich Tango tanzen, mit Freunden wandern, mit dem Hund herumtoben oder mit den Kindern im Herbst Kastanien sammeln und durch raschelndes Laub schlurfen …? Feste Rituale und gemeinsame Erlebnisse wirken entlastend, die einfachen, aber genussvollen Dinge des Lebens bringen uns in die Lebendigkeit zurück. Körperliche Aktivität, idealerweise im Freien, puffert den täglichen Stress ab und kann uns vor einem Stimmungstief schützen, gerade wenn Ängste mit im Spiel sind. Licht, Sonne, frische Luft: Immer mehr Depressions- und Burn-out-Therapien setzen bewusst auf Bewegung in der Natur. Erinnern Sie sich? Schon fünf Minuten genügen, um das Stressniveau zu senken!

RAUS AUS DEM KOPF, REIN IN DEN RHYTHMUS!

Weniger nachdenken, mehr spüren, Neues zulassen. Danach sehnen sich viele in ihrem strukturierten Alltag. Doch es ist ganz einfach: Solange wir sitzen, kreisen die Gedanken in unserem Kopf. Selbst wenn wir sie ausgesprochen haben, bleiben sie im Raum, hängen manchmal schwer in der Luft und lösen sich nicht auf. Jeder, der schon mal ein längeres Arbeitsmeeting oder klärendes Gespräch mit dem Partner hatte, weiß das. Man denkt nach, bewertet, analysiert, kritisiert, grübelt, zerpflückt jeden Satz ...

Aber wohin führt uns das eigentlich? Neue Sichtweisen und kreative Vorschläge entstehen nicht in angestrengter Atmosphäre. Zündende Ideen und innovative Lösungen findet man nur in einer lebendigen, das heißt entspannten und zugleich konzentrierten Atmosphäre der Motivation. Experten sprechen von entspannter Aufmerksamkeit.

Gerade in Zeiten, in denen wir unter Spannung stehen und an allen Fronten gefordert sind, ist es wichtig, in der Freizeit ein wirkungsvolles Gegengewicht zu schaffen, um aus dem Gedankenkarussell auszusteigen und idealerweise in den berühmten Flow zu kommen, den der amerikanische Psychologieprofessor Mihaly Csikszentmihalyi und Entdecker des Flow-Prinzips als »inneren Glücksmotor« bezeichnet. Dieser springt immer dann an, wenn wir eins werden mit unserem Tun. Je mehr wir uns auf unsere Schritte konzentrieren und auf die stimmungsaufhellende Wirkung unserer Glückshormone vertrauen, die in unserem Körper beispielsweise bei der Bewegung produziert werden, desto leichter fällt es uns auch, belastende Gedanken hinter uns zu lassen und unseren Blick wieder zu öffnen. Loslassen schafft Raum für

Neues. Diese Erfahrung ist besonders für die Macher unter uns wichtig.

Wir können uns etwas von der Seele reden, schreiben, tanzen ... Ich gehe mir alles von der Seele. Zum Beispiel wenn ich angespannt, wütend oder ängstlich bin. Wenn ich Abstand zu den Ereignissen und Menschen in meinem Umfeld brauche, weil ich mich überfordert oder verletzt fühle. Ich gehe aber auch aus praktischen Gründen, zum Beispiel weil ich nicht mehr am Schreibtisch sitzen kann, Rücken und Beine schmerzen und die Kraft fürs Sportstudio fehlt. Das Tolle am einfachen Gehen: Ich muss mich nicht vorbereiten, nicht umziehen, verliere dadurch keine Zeit! Kaum fällt die Tür ins Schloss, fange ich an, mental loszulassen und innerlich aufzuatmen, weil ich weiß, dass ich für einen heiligen Moment für mich sein kann und nicht erreichbar bin.

GEHEN IST RHYTHMISCHE BEWEGUNG

Ähnlich wie beim Tanz, der ja auch von Rhythmen lebt, kommt beim Gehen ein wesentlicher Aspekt zum Tragen: das Element der Wiederholung. Beim Gehen sind unsere Schritte gleichmäßig. Gerade diese unaufgeregte, monotone Gleichmäßigkeit kann uns, je bewusster und länger wir gehen, in einen Zustand der Selbstvergessenheit bringen. Am besten gelingt uns das, wenn wir allein sind. Es kann aber auch in einer Gruppe funktionieren, vorausgesetzt wir schweigen und können zueinander ins Vertrauen gehen.

Wenn ich mich in den heimischen Bergen oder den Regenwäldern dieser Erde bewege, komme ich ganz leicht in den Flow. Je mehr ich mich aufs Gehen konzentriere, desto weniger lasse ich mich ablenken. Irgendwann gehen meine Füße von allein, fast mühelos. Auftauchende Gedanken ziehen an mir vorbei. Mein Kopf wird Schritt für Schritt leerer. Dafür sind meine Sinne umso wacher, feiner und nuancierter, besonders im Regenwald. Ich sehe die knorrige Struktur der uralten Bäume, bestaune ihre kräftigen Wurzeln, das satte Dunkelgrün ihrer Blätter und fühle die weiche rote Erde unter meinen Füßen. Ich spüre die Einheit der Natur, bin im Einklang mit ihr. Es gibt nichts Trennendes mehr. Außen und innen sind eins. Zuletzt konnte ich diese elementare und sicher auch spirituelle Erfahrung auf einem Trekking zu den Berggorillas von Ruanda machen. Der Urwald kam mir derart vertraut vor, als hätte ich mein ganzes Leben dort verbracht. Trotz der körperlichen Anstrengung und der hohen Luftfeuchtigkeit bewegte ich mich leichtfüßig durch den Regenwald und war vollkommen in Balance.

Egal, ob wir im Wald, am Meer, in der Wüste oder in den Bergen unterwegs sind: Gehen bringt uns in ein inneres Gleichgewicht, ohne dass wir darüber nachdenken müssen. Gehen in der Natur ist ganzheitliches Erleben.

SINNLICHKEIT STATT STRESS

Im modernen Alltag laufen wir oft Gefahr, das Gefühl für uns selbst zu verlieren. Wir achten zu wenig auf unsere Bedürfnisse und Empfindungen. Früher oder später wissen wir oft gar nicht mehr, was uns eigentlich fehlt. Aber tief in uns spüren wir ein großes Unbehagen und die Sehnsucht nach mehr Ursprünglichkeit und Sinnlichkeit in unserem Leben. Kein Wunder. Schließlich werden wir als sinnliche Wesen geboren. Wir stecken alles in den Mund, fassen alles an, um fühlend und tastend unsere Welt zu erforschen. Später, als Kleinkinder, entdecken wir ständig etwas Neues, bleiben alle paar Meter stehen, springen in jede Pfütze und sammeln Dinge, für die es zu Hause meist keine Verwendung und nur selten Anerkennung gibt, kleine Steine, abgerissene Blütenköpfe oder schillernde Käfer, die in der Hand krabbeln und herrlich kitzeln ...

Spätestens in der Erwachsenenwelt spielen Neugier, Entdeckerlust und das Staunen über die Welt nur noch eine untergeordnete Rolle, weil sie in der Regel kaum gefragt sind. Neue Erkenntnisse legen aber nahe, dass uns gerade ehrfürchtiges Staunen Gelassenheit beschert, weil wir in einer solchen Stimmung innehalten und die Zeit für eine Weile stillsteht.[7] Imposante Sinneseindrücke wie der Ausblick von einem Berggipfel, aber auch die kleinen Dinge des Lebens können und sollten uns in Erstaunen versetzen. Wenn es uns gelingt, im Alltäglichen das Besondere und im Kleinen das Große zu entdecken, nähren wir unsere Sinne und können unser kreatives Potenzial voll entfalten. Das verbessert unser Lebensgefühl und hat nachweislich Auswirkungen auf unser Gehirn (mehr dazu im nächsten Kapitel). Höchste Zeit also, die Stopptaste zu drücken und sich ein Stück Kind-Sein zurückzuerobern!

GEHEN IST EIN LEBENSELIXIER FÜR UNSERE SINNE

Auf keine Weise lässt sich unsere Umgebung so intensiv und eindrucksvoll entdecken wie zu Fuß – ob in der Stadt oder auf dem Land! Denn beim Gehen sind unsere Sinne besonders wach. Im Gegensatz zum Laufen, Fahrrad- oder Autofahren haben wir zu Fuß das ideale Tempo, um möglichst viel aufzunehmen und adäquat zu reagieren. Wir sehen, riechen, hören, tasten und registrieren so am besten, was um uns herum stattfindet. Wenn wir fahren, rauscht vieles nur noch an uns vorbei. Die Schnelligkeit der auf uns einströmenden Bilder überfordert unsere Aufnahmefähigkeit. Die Folge: Wir können unsere Sinneseindrücke nicht mehr richtig verarbeiten, geraten unter Stress und bringen uns so um die wirklich genussvollen Momente im Leben.

Wahrscheinlich verbinden Sie mit Sinnlichkeit und Genuss ganz andere Dinge als einen Spaziergang. Verständlich. Auch ich genieße den ersten Cappuccino im Straßencafé, die entspannte Atmosphäre um mich herum und die ersten wärmenden Sonnenstrahlen auf meiner Haut nach den vielen kalten und dunklen Wintertagen. Aber was kommt nach dem Milchschaumschlürfen? Wie lang hält Ihre beschwingte Stimmung an? Was haben Sie gesehen, außer den vorbeigehenden Passanten? Vor allem: Was hat sich qualitativ dadurch verändert …?

Wenn ich gehe, empfinde ich mehr. Es fühlt sich so an, als würde ich meine Antennen ausfahren. Ich nehme die unterschiedlichen Farben, Licht- und Schattenspiele, Düfte und Klänge der Natur wahr. Das weckt meine Lebensgeister. Gehen ist für mich ein echtes Kontrastprogramm! Ich liebe den reizvollen Wechsel der Jahreszeiten, die frische Frühlingsluft, das Gelbgrün der ersten Blätter an den Bäumen, den süßlichen Duft von frisch gemähtem Gras im Hochsommer, die Schattierungen des würzig riechenden Herbst-

*laubs, das leuchtende Safrangelb, das pudrige Zimt, das
satte Dunkelrot und morbide Braun ... Ich bestaune
die zarte pastellfarbene Morgenröte am Winterhimmel,
den Tanz der Schneeflocken, lausche der Stille und tauche
tief in die Natur ein.*

In der Psychologie geht man davon aus, dass die unendliche Formenvielfalt der Natur unsere visuellen, akustischen, olfaktorischen und taktilen Sinne in einer Weise stimuliert, die sie anregt und zugleich beruhigt. Vielleicht ist das der Grund, warum ich nach jedem Spaziergang entspannter, ausgeglichener und aggressionsfreier bin. Gehen sensibilisiert mich für mein Gegenüber. Ich sehe Menschen und Tiere (selbst Bäume) mit anderen Augen, spüre ihre Energie und empfinde mehr Empathie. In solchen Momenten denke ich, der »kleine Prinz« hatte recht: Man sieht nur mit dem Herzen gut! Gehen in der Natur verbindet uns auf seelischer und emotionaler Ebene. Und Natur beginnt vor unserer Haustür.

GEHEN STEIGERT UNSERE GENUSSFÄHIGKEIT

Wenn wir wollen, können wir unsere Empfindungs- und Genussfähigkeit sogar gezielt trainieren. Genusstraining[8] ist ein Schwerpunkt in der modernen Verhaltenstherapie und hilft uns (auch unabhängig von einer Therapie), die eigenen Bedürfnisse besser wahrzunehmen. Bei depressiven Menschen beginnt das Training mit bewusstem Riechen. Gerüche sind ein Schlüssel zu starken Assoziationen mit heilendem Potenzial. Ein angenehmer Duft steigert unser Wohlbefinden und hebt die Lebensenergie. Diesen Effekt kennen wir auch von der Aromatherapie oder wenn wir an einem blühenden Fliederbusch vorbeigehen.

Der Geruchssinn ist ein sehr archaischer Sinn (Gerüche werden in den ältesten Hirnregionen verarbeitet) und wird klarerweise besonders im Frühjahr aktiviert, wenn alles in voller Blüte steht. Aber auch die Kargheit des Winters hat ihren besonderen Reiz. Für Sting, den berühmten britischen Musiker, ist der Winter die Jahreszeit der Fantasie, die ihn zu *If On A Winter's Night* inspirierte. Auf dem Schwarz-Weiß-Cover der CD ist der Künstler mit seinem jungen Jagdhund Compass abgebildet, der das erste Mal in seinem Leben mit Schnee in Berührung kommt. Beide gehen durch eine verschneite mystische Landschaft …

Im Winter lenkt uns nichts ab. Wir können uns auf das Wesentliche konzentrieren, Vergangenes Revue passieren lassen und innerlich zur Ruhe kommen, bis der letzte Schnee geschmolzen ist und der magische Zyklus der Jahreszeiten von Neuem beginnt. Der Winter ist Stings »favourite season«. Was verbinden Sie mit der kalten Jahreszeit? Wie riecht der Winter für Sie? Haben Sie schon mal Schneeflocken beobachtet? Welche Jahreszeit mögen Sie am liebsten? Was ist Ihr bevorzugter Sinn? Der Sehsinn ist für uns besonders wichtig. Immerhin 80 Prozent aller Informationen aus der Umwelt nehmen wir über das Auge auf. Für mich persönlich sind auch der Tast- und Geruchssinn sehr wichtig. Dominiert eindeutig ein Sinn, sollten Sie versuchen, künftig auch die anderen Sinne in Ihre Spaziergänge mit einzubeziehen. Sie werden völlig neue Eindrücke sammeln, weil sich Ihr Wahrnehmungsspektrum erweitert und sich Ihre Umgebung dadurch anders anfühlt. Das wirkt sich auch positiv auf Ihr Lebensgefühl aus!

DIE ELEMENTE DER NATUR ALS HEILSAME KRAFT

Vom Glück, durch die Natur zu gehen heißt der Titel von Henry David Thoreaus lebensklugem Essay. Für den berühmten amerikanischen Autor des 19. Jahrhunderts waren Streifzüge durch die Natur Akte der Reinigung von Körper und Geist. Was Thoreau intuitiv spürte, aber damals noch nicht wissen konnte, lässt sich heute nachweisen: Allein schon beim Anblick einer schönen Landschaft nehmen Puls, Blutdruck und Muskelspannung ab. Zugleich wächst die Konzentration von stimmungsaufhellenden Hormonen.[9]

Es sind aber nicht nur messbare physiologische Faktoren, die das Erleben der Natur zu etwas Besonderem machen. Als Wahrnehmungs-, Erfahrungs- und Erholungsraum ist die Natur auch ein hervorragender Therapeut: »Ein Gang durch die Natur ist in seiner stressentlastenden und mental entspannenden Funktion daher kaum zu übertreffen – auch nicht durch Musik oder soziale Kontakte.«[10]

GEHEN IN DER NATUR IST FRISCHLUFT FÜR DIE SEELE

Hand aufs Herz: Wann waren Sie das letzte Mal bei Wind und Wetter draußen (Hundebesitzer sind von dieser Frage ausgenommen)? Hat Sie der Herbststurm schon mal so richtig durchgepustet (Eltern, die mit ihren Kindern Drachen steigen lassen und hartgesottene Naturfotografen auf Motivsuche sind außen vor)? Als Süddeutsche bewundere ich Menschen, die an der Küste leben und – sei es auch noch so kalt – am Strand spazieren gehen oder mit nackten Füßen eine Wattwanderung unternehmen! Die heilsame Wirkung des Meeres und seiner Umgebung stehen außer Frage. Der weiche Schlick unter den Füßen ist eine Wohltat und die salzige

Luft eine Erleichterung für Großstadtlungen. Dennoch kostet es erst mal Überwindung, bei schmuddeligem Wetter draußen zu sein. Aber ohne Selbstüberwindung kein echter Genuss. Die heiße Schokolade, die wir nach einem strammen Spaziergang trinken, schmeckt einfach viel besser! Kein Zweifel: Askese verstärkt Genuss. In Verbindung mit der Vorfreude potenziert sich unsere Genussfähigkeit um ein Vielfaches! »Gier und Genuss können nie ein Paar werden, Sehnsucht und Genuss sind wie füreinander geschaffen«[11], sagt die Wiener Psychologin und Verhaltenstherapeutin Beate Handler.

GEHEN IST BEWEGUNG IM RHYTHMUS DER NATUR

Der Zyklus der Natur lässt sich nicht beschleunigen. Er hat sein eigenes Tempo und folgt seinen eigenen Gesetzmäßigkeiten. Die Natur spiegelt das Werden, Wachsen und Vergehen. Allein schon das Beobachten dieser biologischen Zyklen und der damit verbundenen langsamen Prozesse (eine Blume wächst so schnell, wie sie wächst) ist in unserer schnelllebigen Welt besonders heilsam.

Gehen in der Natur vermittelt uns ein Gefühl von Gleichmaß und Verlässlichkeit. Das Wasser fließt, der Baum steht und unsere Sinne zeigen uns den Weg.

Das tiefe Wissen um die ausgleichenden Effekte der Natur nutzt man heute auch gezielt bei der Behandlung von Menschen mit Depressionen, Burn-out, Angstzuständen und psychosomatischen Störungen. Durch ihre Erkrankung sind sie oft von ihrem Körper, ihren Gefühlen und Bedürfnissen abgeschnitten. Die Nähe zur Natur (oft in Verbindung mit Tieren als Therapeuten) soll die Patienten wieder zu ihrem Ursprung zurückführen, das heißt das Bewusstsein in ihnen stärken, Teil der Natur beziehungsweise der Welt zu sein. Erfolgsdruck, Bewertungen und Optimierungszwänge gibt es dort nicht!

GRÜN TUT GUT

Technik erleichtert ohne Zweifel unser Leben. Aber ein Smartphone lebt nicht, hält uns nicht gesund und duftet auch nicht. In der fernöstlichen Spiritualität gilt die mangelnde Vertrautheit mit den Elementen der Natur als Grund dafür, dass wir uns nicht mehr lebendig fühlen. Auch Wissenschaftler gehen davon aus, dass die fehlende Naturerfahrung (zumindest in den Metropolen) zahlreiche seelische Krankheiten verursacht. Mehr als die Hälfte der Weltbevölkerung lebt heute in Städten! Umso mehr wächst bei vielen Menschen das Bedürfnis nach einem grünen Leben.

Sie entdecken die Natur (auch unabhängig von seelischen Problemen oder Ökobewegung) als Kraft- und Inspirationsquelle, die sie aktiv nutzen.

Die neue Lust am Wandern, der Schrebergarten-Boom und die internationale Urban-Gardening-Bewegung sind sehr lebendige Beispiele für diese positive Entwicklung. Menschen unterschiedlicher Couleur wollen sich in der Natur spüren, kreativ mit ihr interagieren, draußen Neues ausprobieren. Sie gehen barfuß durchs Gras, wühlen mit den Händen in der frischen Erde, legen ein Gemüsebeet an. Sie wünschen sich mehr Erdung, mehr sinnlichen Genuss und entdecken in der Natur die verlorene Zeit, sprich die neue Langsamkeit.

Das deutsche Zukunftsinstitut von Matthias Horx ging der Frage nach, welche Art von Aufwertung die Natur in den letzten Jahren erfahren hat. Laut Studie (*Neo Nature*, 2008) wird Natur heute nicht mehr nur wie ein Panoramabild betrachtet, sondern bewusst als Raum der Erholung und für einen aktiven Lebensstil genutzt (zum Beispiel als Entschleunigungs- und taktiler Erfahrungsraum). Die Prognose: Der Mensch von morgen wird den Genuss von Natur noch deutlich steigern, ob in Wanderstiefeln oder im eigenen Garten.

Nicht nur das. Genießen bedeutet im ursprünglichen Sinn, dass wir etwas gemeinschaftlich nutzen.

Wer weiß, vielleicht verbirgt sich hinter dem Wunsch nach Natur die Sehnsucht nach sinnhaften Erfahrungen, die uns neue Orientierung geben und für eine gemeinsame Zukunft tragfähig sind ...? Basierend auf der Erkenntnis, dass uns Kooperation, nicht Konkurrenz weiterbringt und begrünte Hochhausdächer, Arbeitsplätze und Schulhöfe ausgleichend auf unsere Psyche wirken.

Zu einer ähnlichen Einschätzung kommt der US-Autor Richard Louv. In seinem Buch *Das Prinzip Natur* stellt er zukunftsweisende Projekte vor und prognostiziert hoffnungsfroh: »Das 21. Jahrhundert wird das Jahrhundert der menschlichen Regeneration in der Natur sein.«[12]

Auch Professor Hartmut Rosa denkt groß. Der deutsche Soziologe versteht die Natur als Resonanzraum. Seine These: Menschen empfinden ihr Leben dann als gelungen und sinnvoll, wenn sie die Erfahrung machen, etwas zu bewegen und bewegt zu werden. Gerade Naturerfahrungen können uns das Gefühl geben, fest in dieser Welt und mit anderen im Austausch zu stehen. Bindungen, Vertrautheit und gemeinsam gelebte Verantwortung (beispielsweise in Form von Gemeinschaftsgärten) sind wichtige Resonanzerfahrungen. Beschleunigung und Optimierungsstreben untergraben dagegen Resonanz.[13]

ÜBUNGEN

Innere Blockaden lösen, Neues zulassen

Diese Übung hilft, die Dinge aus einem neuen, ungewohnten Blickwinkel auf sich wirken zu lassen.

Gehen Sie vor die Tür und nehmen Sie sich vor, nichts zu bewerten. Egal, in welcher Umgebung Sie unterwegs sind, egal, wer Ihren Weg kreuzt! Wenn das nicht gelingt, versuchen Sie, in allen Dingen Schönheit zu entdecken, selbst in einer vielleicht tristen und gesichtslosen Gegend. Diese Wahrnehmungslenkung macht uns durchlässiger, empfänglicher und erleichtert das Loslassen von Sicht- und Denkweisen, die uns eher blockieren als in Fluss bringen.

Gehen ist mehr

Lust auf ein Experiment? Suchen Sie sich einen ruhigen Weg aus. Joggen Sie die Strecke. Alternativ können Sie das Fahrrad benutzen. Notieren Sie anschließend, was Sie wahrgenommen haben. Machen Sie ein paar Tage Pause und gehen Sie dieselbe Strecke zu Fuß. Was haben Sie diesmal gesehen, gehört, gerochen? Wer ist Ihnen begegnet? Mit wem sind Sie eventuell ins Gespräch gekommen? Kann es sein, dass Ihre Aufzeichnungen und Empfindungen nach dem

Spaziergang um ein Vielfaches länger beziehungsweise intensiver sind?

Genussgarten

Lassen Sie uns eine Visualisierungsübung beziehungsweise Fantasiereise ins Innere machen! Setzen Sie sich auf einen Stuhl mit Lehne. Schließen Sie die Augen, legen Sie Ihre Hände auf die Schenkel und achten Sie auf einen geraden Rücken. Atmen Sie ruhig und entspannt. Versuchen Sie jetzt mit Ihren inneren Bildern von einem Genussgarten in Berührung zu kommen. Wichtig ist, dass Sie Ihren Garten vor Ihrem geistigen Auge langsam und bewusst durchschreiten. Was sehen Sie, was wächst in Ihrem Genussgarten – Blumen, Bäume, Kräuter, Gemüse …? Welche Farben dominieren, eher kühle oder warme Farben? Fühlen Sie eine bestimmte Jahreszeit? Scheint die Sonne, ziehen Wolken am Himmel vorbei, schneit es? Wie sehen die Wege in Ihrem Garten aus? Sind sie eher verschlungen oder gerade? Gibt es Wasser, einen Teich oder Brunnen? Ist Ihr Garten wild, romantisch oder aufgeräumt? Sehen Sie Tiere? Hören Sie Vogelgezwitscher? Wie duftet es in Ihrem Genussgarten? Fehlt noch etwas in Ihrer Seelenlandschaft …?

Schritt für Schritt mehr Kreativität

Zeit für eine Zwischenbilanz!

Macht Ihnen zu Fuß gehen mehr Freude als früher?

Begegnen Sie Menschen mit einer anderen Haltung?

Fühlen Sie sich beweglicher, vitaler, wacher …?

Was haben Sie auf Ihren bisherigen Streifzügen erlebt, entdeckt, erkannt?

Welche Eindrücke und Fundstücke haben Sie gesammelt?

Sehen Sie die Natur heute mit anderen Augen?

Was macht Ihre Stimmung? Gehen Sie entspannter und gelassener an die Dinge heran?

Verstehen Sie unter Genuss heute etwas anderes? Wenn ja: herzlichen Glückwunsch!

Sind Sie neugieriger, sinnlicher, spielerischer geworden?

Wären Sie gern noch etwas kreativer?

DER WEG DES KÜNSTLERS

Gehen ist eine animierende Bewegung. Wer geht, löst seine Fantasie aus und lässt das Denken von der Kette los«, brachte es der renommierte deutsche Gestalter Otl Aicher auf den Punkt.[14] Gehen macht uns kreativer und klüger. Viele große Künstler und Denker waren leidenschaftliche Geher: Aristoteles, Seneca, Johann Wolfgang von Goethe, Jean-Jacques Rousseau, Immanuel Kant, Arthur Schopenhauer, Søren Kierkegaard, Friedrich Nietzsche, Charles Dickens, William Wordsworth, Henry David Thoreau, Arthur Rimbaud, Hermann Hesse, Gabriele Münter, Thomas Bernhard ... Interessanterweise befanden sich viele Dichter und Denker unter den Gehern. Schon in der Antike entwickelten die Peripatetiker (sie gehörten zur aristotelischen Schule) ihre philosophischen Diskurse beim Umherwandeln in einer Säulenhalle, dem Peripatos. Das Arbeitszimmer des englischen Romantikers William Wordsworth war sein Garten. Seine Gedichte schrieb er grundsätzlich beim Auf-und-ab-Gehen. Dieser körperliche Rhythmus half Wordsworth, die richtigen Verse zu finden. Der politische Philosoph Jean-Jacques Rousseau arbeitete beinahe ausschließlich auf seinen Spaziergängen. Nur beim Gehen konnte er denken, kamen ihm die besten Ideen. Ähnlich ging es auch dem großen Schriftsteller

Hermann Hesse, der viele seiner berühmten Figuren beim Gehen entwickelte. Ohne seine Wanderung durch Indien gäbe es *Siddhartha* wohl nicht. Der deutsche Philosoph Friedrich Nietzsche misstraute sogar jedem Gedanken, der nicht beim Gehen entstanden war! Wovon Nietzsche und andere Geistesgrößen überzeugt waren, das bestätigt heute die moderne Hirnforschung, die sich intensiv mit dem Einfluss von Bewegung auf unsere Gehirnstruktur beschäftigt. Sobald wir körperlich aktiv sind, verbessert sich die Hirndurchblutung um bis zu 30 Prozent. Nicht nur das: Gehen setzt das Denken in Gang und lässt neue Verknüpfungen im Gehirn entstehen. Aber ein Schritt nach dem anderen...

Was verstehen Sie unter dem Begriff Kreativität? Wir alle verwenden täglich unzählige Worte und wissen oft gar nicht, woher sie kommen und was sie tatsächlich bedeuten. Laut Duden heißt Kreativität »schöpferische Kraft«. Aus neurowissenschaftlicher Sicht bedeutet kreativ sein nicht unbedingt, Neues zu erfinden, sondern vorhandene, aber bisher voneinander getrennte Wissensteilchen auf eine neue Weise miteinander zu verbinden. Haben Sie schon mal die eine oder andere Kreativitätstechnik ausprobiert, um auf innovative Ideen zu kommen oder Ihren persönlichen künstlerischen Ausdruck zu finden? Es gibt viele gute Methoden, die eigene Kreativität zu entdecken und zu fördern. Ich selbst habe in Workshops und Gestaltungskursen eine

Menge gelernt. Nur eines fehlte mir dabei durchgängig: die Verbindung zwischen künstlerischer und körperlicher Bewegung. Natürlich bewege ich mich, wenn ich eine Skulptur aus dem Stein schlage, eine Installation aufbaue oder den Pinsel schwinge und den Abstand zum Bild immer wieder verändere, um es zu betrachten. Doch wenn ich gehe und unterwegs beispielsweise neue Fotomotive entdecke, spüre ich eine andere Intensität. Kreativität wird generell durch einen Perspektivenwechsel angeregt, durch einen neuen Blick auf die Dinge. Beim Gehen ändert sich unser Blickwinkel ständig, was unsere Wahrnehmung schärft, unsere Eindrücke entsprechend verstärkt und unsere Gedanken in Fluss bringt. Gehen und Kreativität beziehungsweise Gehen und Denken sind eng miteinander verknüpft.

DIE KRAFT DER INSPIRATION

Kreativität und Kunst leben natürlich in erster Linie von der Inspiration. Erst die Inspiration bringt uns auf neue Ideen und Gedanken. Sie motiviert uns auf subtile Weise, ausgetretene Pfade zu verlassen und über uns selbst hinauszuwachsen. Entscheidend dafür: Je offener wir durchs Leben gehen, je mehr wir unseren Blick weiten, desto besser kann sich unser kreativer Geist entfalten. Nicht umsonst dachten die

Menschen früher, Inspiration sei ein göttlicher Funke, der auf uns überspringt, uns Geist einhaucht.[15] Eine ausgesprochen stimmige Vorstellung. Schließlich weiß jeder echte Künstler, dass Inspiration etwas Eingegebenes ist und ganzheitliche Kreativität tatsächlich schöpferische Kraft bedeutet.

Interessanterweise weist der renommierte deutsche Neurobiologe Professor Gerald Hüther in seinem Buch *Was wir sind und was wir sein könnten* in eine ähnliche Richtung. Damit wir Inspiration locken und unser kreatives Potenzial (das in uns allen steckt) aktivieren können, braucht es die »Fähigkeit, die Welt wieder mit den Augen des Kindes zu betrachten«[16], sprich die Offenheit, das Leben als unendliche Entdeckungsreise zu sehen, neugierig und begeisterungsfähig zu sein.

> »Wenn ich mich öffnen kann, ist jedes Ereignis (…) eine Quelle für das Entstehen einer Idee.«
> *Inga Humpe*, Sängerin

Inspiration lebt von Offenheit, Enthusiasmus (griechisch: »mit Gott angefüllt«) und Selbstvertrauen. Was sie nicht mag, sind Verbissenheit, Leistungsdruck und Konkurrenzdenken. Inspiration lässt sich nicht erzwingen. Sie entsteht in einem Zustand entspannter Aufmerksamkeit. Und sie motiviert uns, mutig über unsere eigenen Grenzen zu gehen.

»Kreativ leben heißt intensiv leben. Lebenskunst und Kunst sollten eine Einheit sein.«
Alfred Darda, Maler

EXKURS: INS BLAUE GEHEN

Im Endeffekt gibt es unzählige Inspirationsquellen, aus denen wir schöpfen können. Wichtige Impulsgeber sind Farben, Formen, Landschaften, Bilder, Bücher, Musik und ebenso Menschen beziehungsweise Musen, von denen Maler, Bildhauer, Komponisten, Fotografen, Regisseure oder Modeschöpfer beeinflusst werden. Farben zum Beispiel haben eine messbare und spürbare Wirkung auf unsere Psyche. Bestimmte Farben entspannen das zentrale Nervensystem in Sekundenschnelle. Grün, Blau und Gelb bringen die Seele auf unterschiedliche Weise zum Schwingen, wie wir aus der Farbtherapie wissen. Blau gibt bei den Farben den Ton an. Es wirkt anregend und zugleich beruhigend – Goethe bezeichnete diese Wirkung in seiner Farbenlehre als Widerspruch zwischen Reiz und Ruhe. Blau gilt als Farbe der Transzendenz, des Immateriellen und Spirituellen. Interessanterweise wurden beziehungsweise werden Künstler besonders von dieser symbolstarken Farbe inspiriert. Eindrucksvolle Beispiele: In der Lyrik von Hermann Hesse hatte

Blau einen hohen Stellenwert, ebenso in den Arbeiten von Else Lasker-Schüler und Hans Arp. Stefan George, Gottfried Benn, Ingeborg Bachmann und andere widmeten der magischen blauen Stunde wunderbare Gedichte. Auf prägnante Weise beschäftigt sich auch der zeitgenössische Dichter Hans Magnus Enzensberger mit der mystischen Farbe Blau.

In der bildenden Kunst spricht man vom Chagall-Blau, von Pablo Picassos berühmter Blauer Periode, vom Yves-Klein-Blau und von der expressionistischen Künstlergruppe Der Blaue Reiter, der Franz Marc und Wassily Kandinsky angehörten. Für Kandinsky war Blau eine himmlische Farbe. In der christlichen Tradition spielt Blau eine überragende Rolle, insbesondere als Farbe des Mantels der Madonna. Im Hinduismus und Mahayana-Buddhismus gilt das Blau des Himmels als Farbe der Erleuchtung und des Geistes.[17]

Machen wir einen Ausflug, wandern wir auf den Spuren des Blauen Reiters! Wegen seiner bezaubernden bläulichen Farb- und Lichtstimmungen, die je nach Tages- und Jahreszeit stark variieren und das Gesicht der Landschaft verändern, bezeichnete Franz Marc die malerische Gegend rund um den oberbayrischen Staffelsee und das Murnauer Moos als das *Blaue Land*. Hier entstanden wichtige Werke der Künstler, die eine starke Symbolik und farbige Leuchtkraft besitzen. Zum Beispiel die

Blauen Pferde von Franz Marc und *Der blaue Reiter* von Wassily Kandinsky. Beide Maler liebten Blau und beschäftigten sich sehr intensiv mit dieser Traumfarbe.

Egal, wie gegenständlich oder abstrakt ihre Bilder auch waren: Hinter dem Blau, seinen feinsten Nuancen und zahllosen Schattierungen, stand nichts anderes als die Natur. Sie inspirierte (bewusst oder unbewusst) eine der wichtigsten Künstlergruppen des 20. Jahrhunderts, denen auch Maler wie Alexej Jawlensky, Marianne von Werefkin und August Macke nahestanden. Letzterer griff gern das Motiv der für diese Zeit typischen promenierenden Spaziergänger auf, etwa in dem Bild *Spaziergänger unter Bäumen*.

Die Natur war und ist ein starker Impulsgeber für alle, die nach dem intensiven und kraftvollen Leben suchen. »Ich wollte tief leben«[18], formulierte es der amerikanische Autor und Philosoph Henry David Thoreau (dem wir an anderer Stelle schon mal begegnet sind...) stellvertretend für viele in *Walden oder ein Leben in den Wäldern*. Mitte des 19. Jahrhunderts zog sich der leidenschaftliche Geher Thoreau auf der Suche nach der Wildnis für zwei Jahre in eine Blockhütte zurück. Sein Werk inspirierte Generationen von Lesern und ist für viele auch heute wieder ein Handbuch des Glücks. Mit Eskapismus beziehungsweise Weltflucht hat das nichts zu tun. Im Gegenteil.

Natur ist die Erinnerung an den Ursprung. Sie ist zeitlos wie die Sehnsucht nach ihr. Letzten Sommer habe ich auf einer Wanderung zwei ziemlich junge Künstlerseelen entdeckt, die mit Strohhüten und Staffeleien zu Fuß durchs »Blaue Land« zogen und auf Motivsuche waren. Ich traute meinen Augen nicht. Für einen Moment hatte ich das Gefühl, die Zeit stünde still und es wären Wassily Kandinsky und seine Lebensgefährtin, die Malerin Gabriele Münter, die exakt vor hundert Jahren hier lebten. Als naturnaher Mensch und Liebhaberin des Expressionismus war diese Momentaufnahme ein Soulcake für mich, von dem ich an tristen Tagen zehre. Als junges Mädchen fand ich Wandern irgendwie langweilig ...

DAS KREATIVE GEHIRN

> »Die Welt der Realität hat ihre Grenzen.
> Die Welt der Fantasie ist grenzenlos.«
> *Jean-Jacques Rousseau*

Was regt Ihre Fantasie an, was beflügelt Sie? Wann sind Sie besonders kreativ? Wo können Sie am besten denken? In der Badewanne, beim Kochen oder Sport? Ich selbst habe die besten Einfälle beim Gehen (wie könnte es anders sein), beim Trödeln und im Bad. Auch wenn ich mich in keinster Weise mit dem genialen Albert

Einstein vergleichen kann: Seine größten Erkenntnisse hatte er angeblich unter der Dusche. Kreative Menschen wissen oft nicht genau, woher sie ihre Inspirationen nehmen. Dennoch, und vielleicht haben Sie selbst schon die Erfahrung gemacht: Die besten Ideen hat man, wenn man nicht mit ihnen rechnet! Gedanken brauchen Zeit, in der sie reifen können. Das »unbewusste Spiel mit den Möglichkeiten« nennt der deutsche Hirnforscher Ernst Pöppel diese wichtige Phase. Pausen vom Alltag sind dabei ausgesprochen wichtig, sie fördern unsere Kreativität. Am schöpferischsten sind wir laut Hirnforschung träumend oder halb schlafend. Wirklich kreative Einfälle kommen uns auf alle Fälle immer dann, wenn wir unser Gehirn ohne Druck und gezielte Anstrengung benutzen.

In den Augen der amerikanischen Kreativitätstrainerin und Künstlerin Julia Cameron wird Kunst aus der Aufmerksamkeit heraus geboren, wobei Kreativität und Gestaltungskraft eng an unsere Wahrnehmungs- und Begeisterungsfähigkeit geknüpft sind. Sie spricht in diesem Zusammenhang sogar von einem Künstlergehirn:

»Das Künstlergehirn ist das sensorische Gehirn: Sehvermögen und Klang, Geruch, Geschmack und Berührung. Das sind die Elemente der Magie, und Magie ist der elementare Werkstoff der Kunst.«[19]

Zur Aktivierung unserer Kreativität empfiehlt die langjährige Trainerin ganz einfach:

»Denken Sie an Vergnügen. Denken Sie an Spaß.
Tun Sie das, was Sie fasziniert, erforschen Sie, was
Sie interessiert.«[20]

Oder schnipseln Sie Gemüse, singen Sie unter der Dusche! Jede regelmäßige, sich wiederholende Tätigkeit stärkt unsere Kreativität, weil unser Künstlergehirn nach Ansicht von Julia Cameron durch Rhythmen angesprochen wird, nicht durch die Vernunft.

EIN PERFEKTES PAAR: GEHEN UND DENKEN

Verblüffend ist: Die Erfahrungen der Kreativitätsexpertin und die Erkenntnisse der modernen Hirnforschung gehen Hand in Hand. Lange Zeit wurde das menschliche Gehirn als isoliertes Organ betrachtet und untersucht. In den letzten Jahren ist klar geworden, wie untrennbar Gehirn und Körper miteinander verbunden beziehungsweise voneinander abhängig sind und wie stark sie sich wechselseitig auf allen Ebenen beeinflussen.

Nicht zuletzt durch die Ergebnisse der Meditationsforschung weiß man heute, dass unser Gehirn formbarer beziehungsweise umbaufähiger ist, als bisher angenommen wurde. Die Hirnforscher sprechen in diesem Zusammenhang von einem dynamischen Gehirn. Natürlich ist es während unserer frühen Kindheit besonders plastisch. Dennoch: Für den Neurobiologen Gerald Hüther ist das »Gehirn eine Baustelle« und Begeisterung »Dünger fürs Hirn«. Denn Begeisterung führt zu neuen Verschaltungen im Gehirn. Für den Wissenschaftler sind Menschen, die mit Leidenschaft bei der Sache sind, wichtige Inspiratoren in unserer Gesellschaft, weil ihre Begeisterung auf andere überspringt:

> »Die neuen Erkenntnisse der Hirnforschung zeigen, dass in jedem Menschen viel mehr steckt als das, was er in seinem engen Erfahrungsraum, in den er hineinwächst, entwickelt und leistet. (...) Aber damit er seine Potenziale entfaltet (...), müssen die emotionalen Zentren in seinem Hirn anspringen. Dann werden die Botenstoffe freigesetzt, die eine Veränderung im Denken, Fühlen und Handeln bewirken.«[21]

Das heißt: Ohne Aktivierung der emotionalen Zentren und der damit verbundenen Ausschüttung neuroplastischer Botenstoffe wie Adrenalin, Noradrenalin und Dopamin werden keine neuen neuronalen Vernetzungen geknüpft beziehungsweise bestehende Vernetzungen nicht ausgeweitet und stabilisiert.

Erinnern Sie sich an die Gut-zu-Fuß-Übungen aus dem zweiten Kapitel? (Ich hoffe doch ...) In diesem Kontext schrieb ich: Bewegungen, zum Beispiel mit den Füßen, sind derart wirkungsvoll, dass sie im Gehirn die Oberhand über die Emotionszentren gewinnen und sich dadurch stabilisierend auf unser emotionales Gleichgewicht auswirken. Nicht nur das: Der Rhythmus des Gehens soll den Rhythmus des Gehirns sogar stabilisieren und so zu einer intensiveren Denkleistung anregen. Nach Ansicht des deutschen Hirnforschers Gerd Kempermann, der sich intensiv mit dem Einfluss von körperlicher Aktivität auf die Gehirnstruktur beschäftigt, führen sich wiederholende Bewegungen dazu, dass die Rhythmen des Gehirns sehr stabil werden.[22]

Gleichmäßige, sich wiederholende Rhythmen scheinen sich positiv auf unsere Kreativität und Denkleistung auszuwirken. Kein Wunder, denn körperliche und geistige Aktivität waren in urgeschichtlichen Zeiten untrennbar miteinander verbunden. Eine Spur dieser Verbindung gibt es auch heute noch im Hippocampus. Diese entwicklungsgeschichtlich alte Hirnregion ist unter anderem für das Speichern von Wissen ins Langzeitgedächtnis und für die räumliche Orientierung verantwortlich. Arbeitet der Hippocampus nicht richtig, etwa durch eine Dysfunktion wie Alzheimer, ist der Mensch seiner Erinnerungsfähigkeit beraubt und irrt orientierungslos im Raum umher.[23]

Die heilsame Kraft der Wiederholung spielt auch in der spirituellen Welt eine wichtige Rolle. Etwa in Form des christlichen Herzensgebets oder in der fernöstlichen Meditation. Durch das ständige Wiederholen eines Satzes oder Wortes entsteht eine besondere Form der Versenkung. Man spricht vom mantrischen Beten, das auch im Buddhismus und Hinduismus mit unterschiedlicher Ausprägung geübt wird. Da wir in diesem Buch geistig und körperlich in Bewegung sind, geht es im nächsten Kapitel unter anderem um meditatives Gehen als besondere Form der Achtsamkeit.

ERKENNTNISSE AUS DER HIRNFORSCHUNG

Gehirn und Körper sind untrennbar miteinander verbunden

»Wie die neueren Ergebnisse der Hirnforschung zeigen, werden Erfahrungen immer gleichzeitig auf der kognitiven, emotionalen und auf der körperlichen Ebene in Form entsprechender Denk-, Gefühls- und körperlicher Reaktionsmuster verankert und aneinandergekoppelt (»Embodiment«). Aus diesem Grund sind alle späteren Versuche, die Stressbewältigungsfähigkeit von Menschen durch kognitive Fortbildungsprogramme zu verbessern, zwangsläufig zum

Scheitern verurteilt, wenn dabei nicht gleichzeitig auch die emotionalen (Gefühle, Einstellungen, Haltungen) und die körperlichen Ebenen (Bewegung, Körperbeherrschung, Körperhaltung) mit einbezogen werden. Nur wenn Menschen neue Erfahrungen von Selbstwirksamkeit, Gestaltungskraft und Entdeckerfreude am eigenen Körper und unter Aktivierung ihrer emotionalen Zentren machen, können diese Erfahrungen auch nachhaltig in Form entsprechender neuronaler Verschaltungsmuster in ihrem Gehirn verankert werden. (...)

Das menschliche Gehirn ist aber nicht nur umbaufähiger als bisher angenommen. Die Wahrnehmung und das Empfinden und Denken und das Fühlen, auch die Stimmungen und die Körperhaltung und all das, was im Körper passiert, sind viel enger miteinander verbunden und aneinandergekoppelt als bisher gedacht. Körper und Geist, Denken und Fühlen bilden normalerweise eine Einheit: Änderung ist auf allen Ebenen möglich. Am leichtesten gelingt das, wenn wir beginnen, unseren eigenen Körper wiederzuentdecken. (...) Deshalb erfahren die meisten Menschen, sobald sie ihren Körper wiederzuentdecken beginnen, dass sie nun wieder Zugang zu sich selbst finden. Für jeden, der sich darum bemüht, eingefahrene Körperhaltungen, alte Bewegungs- und Verhaltensmuster zu verändern, besteht der Lohn seiner Anstrengung in einer Wiederentdeckung seiner eigenen Kompetenz, in einer neuen Haltung und einer neuen Einstellung – und nicht zuletzt in einem Zuwachs an Selbstgefühl und Selbstvertrauen. Das bedeutet nichts anderes als das Wiederfinden der eigenen Gestaltungskraft und Lebendigkeit.«[24]

Gehen verlangsamt den Abbau des Gehirns

Bei jedem Menschen schrumpft das Gehirn im Alter, was Einfluss auf seine geistige Leistungs- und Lernfähigkeit hat. Auch sie nimmt ab. Eine aktuelle Studie der Universität Edinburgh zeigt jedoch, dass regelmäßige Bewegung den Hirnabbau aber bremst. Bewegung scheint sogar effektiver zu sein als spezielles Gehirntraining. Die Wissenschaftler beobachteten bei 638 älteren Menschen über drei Jahre lang die Veränderungen im Gehirn. Dabei wurde per Computertomografie die Menge der grauen und weißen Gehirnmasse gemessen. Außerdem bestimmten die Forscher anhand von Biomarkern, wie viele Schäden in der weißen Gehirnmasse aufgetreten waren. Die weiße Gehirnmasse ist der Bereich, in dem das Gehirn Signale verarbeitet. Gleichzeitig sollten die Probanden aufschreiben, wie viel sie sich bewegten.

Ergebnis: Das Gehirn der Senioren, die sich am meisten bewegten, war am wenigsten geschrumpft. Darüber hinaus entdeckten die Forscher bei den körperlich aktiven Probanden weniger Schäden in der weißen Hirnsubstanz. Dabei genügte schon moderate körperliche Aktivität wie beispielsweise mehrere Spaziergänge pro Woche!

Auch andere Studien zeigen: Gehen verringert das Risiko, an Altersdemenz zu erkranken und hat sich in der täglichen Praxis als Basistherapie bei Demenzkrankheiten erwiesen.

Meditation verändert die Hirnstruktur

Neuere Untersuchungen zeigen, dass der Einfluss der Meditation, um die es im nächsten Kapitel noch genauer gehen wird, auf unser Gehirn messbar ist. Bei Mönchen, die regelmäßig meditiert hatten, wurde eine ungewöhnlich hohe Aktivität der linken Gehirnhälfte festgestellt. Dieser Bereich des Gehirns hat unter anderem großen Einfluss auf das emotionale Gleichgewicht.

Auch Neurowissenschaftler wie der Meditationsforscher und Diplom-Psychologe Dr. Ulrich Ott gehen davon aus, dass die emotionalen Schaltkreise im Gehirn selbst im Erwachsenenalter nicht fixiert sind, sondern ein hohes Maß an Formbarkeit (Neuroplastizität) aufweisen. Umgekehrt kommt es zu einem allmählichen Abbau grauer Substanz, wenn Funktionen über einen längeren Zeitraum nicht benötigt werden.

Eine aktuelle Studie zeigt, dass bereits ein achtwöchiges Meditationstraining im Gehirn Spuren hinterlässt. Per MRT (Magnetresonanztomografie) konnte ein amerikanisches Forscherteam nachweisen, dass sich Hirnareale, die für Achtsamkeit, Empathie und Stressbewältigung zuständig sind, umstrukturiert hatten. Beispielsweise hatte die Dichte der grauen Substanz im linken Hippocampus zugenommen, einer Hirnregion, die auch in der Stressverarbeitung eine wichtige Rolle spielt.

ÜBUNGEN

Mit dem Regenbogen tanzen

Aktivieren Sie Ihre Begeisterungsfähigkeit! Wecken Sie das Kind in sich! Gehen Sie auf eine Zeitreise!

Stellen Sie sich vor, wie Sie als Vorschulkind waren. Was hat Sie zum Lachen gebracht, was Ihre Neugier geweckt? Haben Sie gern gespielt? Lieber allein oder mit anderen, draußen oder drinnen? Was waren Ihre Lieblingsspiele und was Ihre liebsten Tiere? Welche Bücher, Märchen, Filme, Puppen, Spielzeugautos, Stofftiere haben Sie in Ihrer Kindheit begleitet? Sind Sie gern zum Fasching/Karneval gegangen? Gab es ein Lieblingskostüm? Welche Jahreszeit mochten Sie als Kind besonders?

Solange ich denken kann, war ich am liebsten mit anderen Kindern unterwegs. Im Sommer stromerten wir durch rote Mohnfelder oder legten uns ins frisch gemähte Gras, das sich auf der Haut warm und feucht anfühlte und herrlich duftete. Noch schöner war es, wenn nach einem heftigen Gewitter der Regen nachließ und plötzlich ein wunderschöner Regenbogen zu sehen war. Wir stellten uns in den warmen Sommerregen, fingen an zu tanzen, uns im Kreis zu drehen, und lachten! Was hat Sie als Kind in Begeisterung versetzt? An welche Glücksmomente können Sie sich erinnern? Und was lösen Ihre Erinnerungen in diesem Moment in Ihnen aus …?

Mit Licht und Schatten spielen

Sehen Sie mit den Augen des Künstlers! Diese Übung fördert Ihre Wahrnehmung und Kreativität.

Gehen Sie an einem sonnigen Tag in den Park oder Wald. Suchen Sie sich einen Baum aus, der Ihnen besonders gut gefällt. Lassen Sie sich bei der Auswahl Zeit. Dieser Baum soll Ihr Lieblingsbaum werden, den Sie öfters wieder besuchen können. Betrachten Sie ihn dabei immer genauer. Welche Schatten wirft Ihr Baum? Wie verändern sie sich je nach Lichteinfall? Sehen Sie sich als Nächstes die Rinde des Baums an. Können Sie verschiedene Strukturen und Farbschattierungen erkennen? Fühlt sich die Rinde glatt oder rau an? Wie wirkt Ihr Baum morgens, mittags und in der Abendsonne? Wie verändert er sich in den verschiedenen Jahreszeiten?

Wenn Sie wollen, können Sie zusätzlich Skizzen anfertigen oder Fotos machen.

Die Gedanken in Fluss bringen

Haben Sie 2012 die US-Präsidentschaftswahl verfolgt? Ich fand die TV-Duelle zwischen dem amtierenden Präsidenten und seinem Herausforderer in der heißen Endphase des Wahlkampfes hochspannend. Interessanter als der Inhalt des Gesagten war für mich die Art und Weise, wie gesprochen wurde. Beide saßen während ihres verbalen Schlagabtausches nicht etwa auf einem Stuhl, nein, sie gingen beziehungsweise tigerten wie zwei Raubkatzen in der Arena umher! Zugegeben, auf den ersten Blick sah der Showdown für europäische Sehgewohnheiten etwas seltsam aus, machte aber, wie wir dank Peripatetikern und Hirnforschern wissen, durchaus Sinn. Der Gehrhythmus gibt beim Denken den Takt vor. Dadurch können wir uns besser konzentrieren, präsentieren und positionieren. Das Auf-und-ab-Gehen verändert natürlich auch unsere Körpersprache, den Klang unserer Stimme und verleiht unseren Worten beziehungsweise Argumenten mehr Gewicht. Auch Schauspieler, Kabarettisten, Referenten und andere bedienen sich dieser Methode, um den Text nicht zu vergessen, mehr Aufmerksamkeit zu bekommen und in eine lebendige Kommunikation zu gehen.

Die folgende Übung ist auch ohne Schulung effektiv. Doch wie immer gilt auch hier: Je häufiger Sie üben, desto besser!

Stehen Sie aufrecht und gerade, aber entspannt. Öffnen Sie Ihren Brustkorb, denn bei eingesunkenem oder übertrieben hochgezogenem Brustkorb werden Atem und Stimme eingeengt, wodurch die Stimme an Resonanz, Klang und Volumen verliert. Am besten gelingt das »Öffnen«, indem Sie die Schultern etwas nach hinten ziehen, nicht nach oben und auch nicht ruckartig, sondern kontrolliert, und ein paar Mal tief ein- und ausatmen. Gehen Sie jetzt betont langsam und fangen Sie zu reden an. Wenn Ihnen nichts Konkretes einfällt, dann reden Sie eben Kauderwelsch (wenn ich eine Schreibblockade habe, schreibe ich ein paar Minuten Kauderwelsch – das wird von Profis empfohlen und wirkt tatsächlich!). Wichtig: Bleiben Sie nicht stehen, lassen Sie Ihren Atem frei fließen. Schon bald werden Sie feststellen, dass sich Ihre Stimme anders anhört, weil sie einen klareren, ruhigeren und tieferen Klang bekommt. Und Sie werden die Erfahrung machen, dass sich Denkblockaden schneller lösen – nicht umsonst spricht man vom Gedankenfluss – und in Ihrem Kopf wieder Platz ist für neue kreative Ideen.

Schritt für Schritt mehr Achtsamkeit

Wo halten Sie sich gedanklich am meisten auf –
in der Vergangenheit, Gegenwart oder Zukunft?

Was interessiert Sie mehr – der Weg oder das Ziel?

Entscheiden Sie sich für den kürzeren Weg,
wenn Sie die Wahl haben?

Wie reagieren Sie, wenn Sie
auf etwas warten müssen?

Mögen Sie Stille?

Sind Sie gern allein oder lieber
mit anderen unterwegs?

Fällt es Ihnen leicht zu schweigen, oder ist es
Ihnen eher unangenehm, wenn Gesprächspausen
entstehen?

MEDITATIVES GEHEN: AUSZEIT IM AUGENBLICK

Wir denken eigentlich immer, selbst wenn wir es nicht wollen. So funktioniert unser Gehirn nun mal. Entweder wir denken nach, oder wir denken voraus, aber im Hier und Jetzt halten wir uns im normalen Alltag selten auf. Während wir in einem Moment etwas Bestimmtes tun, sind wir gedanklich schon beim nächsten Termin oder planen das nächste Projekt. Allein die Vorstellung, aus dieser Dynamik auszusteigen, ins Innere zu gehen und zu schweigen, macht viele Menschen eher nervös als ruhig.

Wer über Meditationserfahrung verfügt, zum Beispiel die stille Meditation im Sitzen kennt und schätzt, weiß, wie schwer es sein kann, auftauchende Gedanken ziehen zu lassen und innerlich leer zu werden. Gedanken kommen und gehen, aber wir lassen sie keine Nester bauen, sagt man in der fernöstlichen Welt. Das klingt poetisch und ist eine große Herausforderung. Gerade bei der stillen Meditation werden tiefere Schichten des Unterbewusstseins angesprochen. Es können verdrängte Gefühle und Bilder an die Oberfläche kommen, die unsere Unruhe verstärken, aber auch ihre Berechtigung haben, weil sie uns etwas mitteilen wollen.

Wenn Sie meditieren wollen: Betrachten Sie auftauchende Gedanken und Emotionen, aber werten Sie sie nicht. Wird jeder Versuch von innerer Unruhe begleitet beziehungsweise verändert sich dieses Gefühl auch während der Meditation nicht, sollten Sie mit einem Meditationslehrer sprechen. Nicht jede mentale Entspannungsmethode beziehungsweise Körpertherapie ist für jeden gleich gut geeignet. Meine Bewegungen beim Qigong sind nie so fließend und geschmeidig, wie ich sie mir wünschen würde. Und ein Yogi werde ich in diesem Leben wohl auch nicht mehr ...

Wenn wir zu nervös, traurig oder ärgerlich sind, um sitzend zu meditieren, kann uns die Gehmeditation helfen, ins emotionale Gleichgewicht zurückzufinden. Meditatives Gehen ist aber auch dann eine wirkungsvolle und ausgesprochen alltagstaugliche Alternative, wenn wir aus rein körperlichen Gründen nicht lange still sitzen können, zum Beispiel weil der Rücken streikt, die Beine einschlafen oder der Blutdruck sinkt.

Jeder Schritt ist Leben. Jeder Schritt bringt uns in die Gegenwart. Und wer achtsam ist, geht nicht achtlos an Menschen, Tieren und Pflanzen vorbei.

Das ist (vereinfacht) die Philosophie von Thich Nhat Hanh. Der aus Vietnam stammende buddhistische Mönch und Zen-Meister gilt als bekanntester Vertreter des meditativen Gehens im Westen. Er spricht mir aus Herz und Seele. Auf meinen Wanderungen bin ich oft fassungslos, wie viele Käfer, Schnecken, Frösche, Blindschleichen und andere Kleintiere plattgetreten oder überfahren auf dem Weg liegen! Die Vorstellung, dass alle Lebewesen auf unserer Welt beseelt und untrennbar miteinander verbunden sind, sollte uns stärker dafür sensibilisieren, dass jedes Wesen auch gleich viel Achtung verdient. Buddha hatte diese tiefe Einsicht während seiner Erleuchtung unter dem Bodhi-Baum.

Meditatives Gehen schärft unsere Aufmerksamkeit und fördert unsere Empathie. Es hilft uns, wach im Augenblick zu sein und mit allen Lebewesen mitzufühlen.

Im Zen-Buddhismus wird achtsames Gehen als ein Übungsweg zur Glückseligkeit bezeichnet. Kein Zweifel: Glück kommt beim Gehen und ist mit den Tüchtigen ...

MEDITATION – REISE NACH INNEN

Meditation als spirituelle Praxis soll unsere Achtsamkeit und Konzentration fördern. In der christlichen, jüdischen und islamischen Tradition ist das höchste Ziel der Meditation die Gotteserfahrung. In den fernöstlichen Religionsphilosophien besteht das Ziel zunächst darin, den Geist zu beruhigen und das Bewusstsein zu weiten.

Gerade im Buddhismus gibt es sehr unterschiedliche Richtungen, die von Schule zu Schule variieren. Mithilfe verschiedener Techniken, etwa der Konzentration auf die Atmung oder ein Mantra, lernt der Praktizierende, seine Gedanken, Bewertungen und Gefühle (Sorgen, Ängste, Befürchtungen), Begierden und Sehnsüchte loszulassen, um innerlich leer zu werden und ganz in den Augenblick zu kommen. Im Loslassen finden wir mehr innere Freiheit und Vertrauen in uns selbst. Höchstes Ziel im Buddhismus ist die Erleuchtung und Überwindung des Egos, das die Ursache allen Leidens ist.

Generell unterscheidet man zwischen passiver Meditation, die im stillen Sitzen praktiziert wird, und aktiver Meditation, die mit körperlicher Bewegung beziehungsweise achtsamem Handeln verbunden ist. In westlichen Ländern wird Meditation auch unabhängig von religiösen Aspekten oder spirituellen Zielen praktiziert, beispielsweise als Entspannungsmethode.

Selbst nach seiner Erleuchtung praktizierte Buddha täglich Gehmeditation. Auch Thich Nhat Hanh übt jeden Tag. Für ihn ist meditatives Gehen wie ein Spaziergang, den wir nicht zielgerichtet, sondern absichtslos unternehmen sollten. Nur so kann die Gehmeditation ihre energiegebende und befreiende Wirkung entfalten:

»Wir haben dabei nicht die Absicht, einen bestimmten Ort innerhalb einer bestimmten Zeitspanne erreichen zu wollen. Zweck der Gehmeditation ist die Gehmeditation selbst. Entscheidend ist das Gehen, nicht das Ankommen, denn Gehmeditation ist kein Mittel, es ist das Ziel selbst.«[25]

Meditatives Gehen ist eine lebensnahe Praxis, die wir leichter in unseren normalen Alltag integrieren können, als wir denken. Die einfachste Form besteht darin, jeden Schritt so bewusst wie möglich wahrzunehmen. Zum Beispiel, indem wir eine Treppe achtsam hinaufgehen und Stufe für Stufe mit derselben Achtsamkeit wieder hinuntergehen. In der Gehmeditation sind wir mit jedem Schritt genau da, wo wir sein wollen, im Jetzt.

Besonders praktisch ist: Gehen und meditieren kann man in jeder kleinen Pause und fast überall! In geschlossenen Räumen wie im Freien, auf dem Weg vom Büro zum Auto, im Garten, am Flughafen, im Wald oder an einer Haltestelle, während man auf den Bus wartet. Wartezeiten sind ideal, um sich meditierend in Geduld zu üben. Wir können die Gehmeditation auch mit anstehenden einfachen Tätigkeiten im Haushalt verbinden. Zum Beispiel, wenn wir leere Flaschen zum Container bringen. Nicht umsonst werden in Klöstern und Meditationszentren unterschiedliche Aufgaben wie das tägliche Kehren beziehungsweise Rechen des Weges in einer achtsamen und meditativen Haltung geübt.

Wenn wir sitzend meditieren, achten wir auf eine aufrechte Haltung und auf ein harmonisches Verhältnis zwischen Spannung und Entspannung. Wenn wir gehend meditieren, zentrieren wir uns, indem wir unsere Aufmerksamkeit auf den Kontakt unserer Füße mit dem Untergrund richten. Dabei sollten wir uns bewusst machen, dass jeder Schritt eine (Lebens-)Spur hinterlässt, selbst wenn wir sie mit unseren Augen nicht immer sehen können und sich unser Leben oft zu flüchtig anfühlt. Spirituell betrachtet heißt das: Wir sind.

Unabhängig davon, ob wir handeln, planen oder nicht. Je weniger wir beeinflussen beziehungsweise bewusst steuern wollen, desto mehr sind wir im Sein. Lassen Sie den folgenden Satz von Laotse aus dem *Tao Te King* einfach auf sich wirken. Denken Sie nicht »nach«. Vielleicht löst dieser Satz etwas in Ihnen aus, vielleicht auch nicht.

»Ist Nichthandeln geschieht die Große Ordnung.«

Wichtig ist, dass Sie so unbefangen wie möglich in die Gehmeditation einsteigen. Beginnen Sie Ihre »Spurensuche« allein und idealerweise am frühen Morgen, wenn die Luft noch klar und der Tag noch unverbraucht ist. Gehen Sie bewusst (wach, achtsam, entspannt) am

Strand, im Schnee oder überall dort, wo man Ihre Fußabdrücke sehen kann. Wie tief oder verwischt sind Ihre Spuren? Wie unterschiedlich sind die einzelnen Abstände? Ist der eine oder andere Schlenker zu sehen oder verlaufen Ihre Fußspuren ganz gerade? Machen Sie sich klar: Das sind Sie, im Hier und Jetzt! Vergangenes ist vergangen, die Zukunft noch nicht da. Auf diese Weise können Sie sich leichter von Ihren Erinnerungen und Projektionen lösen. »Buji« sagt man in Japan. Das heißt: »Alles ist in Ordnung!« In diesem Moment! Gedanklich am Gestern oder Morgen festzuhalten macht keinen Sinn. Es verändert nichts. Wer sich dagegen auf den Augenblick konzentriert, lebt intensiver.[26]

GEHEN UND ATMEN IM GANZHEITLICHEN RHYTHMUS

Im Hinduismus sagt man: Das Licht ist der Atem Gottes. Ich finde diese Umschreibung beziehungsweise Vorstellung bildschön. Auch in der Meditation spielt der Atem eine zentrale Rolle. Achtsames Gehen und achtsames Atmen gehören zusammen und bilden im Idealfall eine Einheit. Bewusstes Atmen bedeutet, dass wir jeden Atemzug wahrnehmen, aber nicht künstlich verlängern und vertiefen. Wenn es uns gelingt, unsere Schritte mit unserem Atem in Einklang zu bringen, können wir mit einiger Übung in einen Zustand tiefer Entspannung und meditativer Versenkung gelangen, der sehr heilsam ist. Grundsätzlich kommt es dabei auf Folgendes an:

Meditieren Sie möglichst täglich und reservieren Sie sich dafür zehn bis zwanzig Minuten. In den ersten Wochen sollten Sie zu Hause oder in einer ruhigen Umgebung üben, beispielsweise in der Abgeschiedenheit eines Waldes. Verlangsamen Sie Ihre Schritte, aber werden Sie dabei nicht zu langsam. Sonst kann es passieren, dass Sie Ihren natürlichen Atem- und Bewegungsfluss blockieren. Gehen Sie ein paar Minuten in dieser Form. Achten Sie als Nächstes darauf, wie viele Schritte Sie beim Einatmen und Ausatmen machen. Jeder Mensch hat seinen eigenen Atemrhythmus. Häufig sind es zwei Schritte beim Einatmen und drei beim Ausatmen. Es können aber auch jeweils zwei oder vier Schritte sein. Alternativ zum Zählen können Sie sich auch ein Mantra aussuchen. Das kann ein Meditationswort, ein Satz oder ein Spruch sein, der der Länge Ihrer Atemzüge entspricht. Bei vier Schritten bietet sich beispielsweise das Wort Lo-tos-blü-te oder Je-sus-Christus an. Sind es zwei Schritte, könnten Sie das Wort Heil-Sein oder All-Eins verwenden. Je mehr Sie sich auf Ihre Atemzüge und Ihr Mantra konzentrieren (das Sie nicht laut aussprechen müssen), desto weniger halten Sie sich in Ihrer Gedankenwelt auf. Das klärt den Geist, macht Sie wacher.

Gehmeditation ist eine spirituelle Übung, durch die wir lernen, unsere Aufmerksamkeit auf einen Punkt zu richten. Bei regelmäßiger Übung werden unsere Schritte auf ganz natürliche Weise langsamer und entspannter, unsere Bewegungen leichter und geschmeidiger. Wir werden umsichtiger, im Idealfall auch verantwortungsvoller und kooperativer in unserem Verhalten, was sich im Kleinen und Großen positiv auf unser Zusammenleben und die ganze Welt auswirken kann. Um unser Bewusstsein in dieser Form zu schulen, müssen wir keine Mönche werden. Aber nichts spricht dagegen, von ihnen zu lernen.

OHNE WEG KEINE ERKENNTNIS

Die größten Religions- und/oder Friedensstifter wie Moses, Jesus, Mohammed, Buddha oder Gandhi haben sich nicht auf einer Sänfte tragen lassen. Sie sind zu Fuß gegangen und die meiste Zeit ihres Lebens unterwegs gewesen. Jesus ging zu den Menschen, um sie zu heilen und zu ihnen zu predigen. Wie der Prophet Mohammed suchte er die Nähe zu Gott in der Wüste. Bevor Siddharta zu Buddha wurde, war er jahrelang ein wandernder Asket. Er saß nicht einfach unter einem indischen Feigenbaum und wartete auf die universelle Erkenntnis, sondern ging den Weg zur Erleuchtung ganz bewusst. Diesen Weg nannte er später den mittleren Weg, weil er zwischen dem Leben aus Verlangen und Materialismus und dem Leben aus Entbehrung von Körper und Geist verläuft. Für Mahatma Gandhi war nicht nur das Fasten, sondern auch das Gehen Ausdruck seines friedlichen politischen Protests.

Der indische Sufi-Mystiker Hazrat Inayat Khan schrieb in seinem gleichnamigen Werk vom Wanderer auf dem inneren Pfad. Khan verstand das menschliche Leben als Reise der Seele, die über den inneren Weg zur Selbsterkenntnis und schließlich zu Gott führt. Die Suche nach dem inneren Raum, in dem Gott erfahrbar wird, ist auch in der christlichen Mystik ein zentrales Bild.

In Goethes Bildungs- und Entwicklungsroman *Wilhelm Meister* gilt die Wanderschaft als symbolreicher Lehrpfad, der zu Reife und Erkenntnis führt. Für sein Romankonzept war die Entsagung seiner Figuren, das heißt der Verzicht auf Profanes zugunsten des Höheren, Programm. Interessant ist in diesem Zusammenhang, dass die Entsagenden weder vom Vergangenen noch Künftigen sprechen durften. Nur das Gegenwärtige sollte sie beschäftigen.

Erkenntnis, gepaart mit Erlösung und Glück, wartet auch in Märchen nur dann auf den Menschen, wenn er seinen Weg trotz mancher Widerstände, Gefahren und Verführungen aufrichtig zu Ende geht. Wer dagegen den kürzesten Weg sucht und dem schnellen Glück hinterherjagt, tritt auch schnell auf der Stelle. So weit die Moral von der Geschichte.

Egal, wie wir es drehen und wenden: Neue Wege entstehen beim Gehen. In dem Bestseller *Ich bin dann mal weg* fasste Hape Kerkeling seine Erfahrungen und Einsichten auf dem Jakobsweg Tag für Tag in der sogenannten Erkenntnis des Tages zusammen. Seine 600 Kilometer lange Pilgerreise nach Santiago de Compostela bezeichnete der TV-Moderator und bekennende Couch-Potato als den wichtigsten Weg seines Lebens. Auf der Suche nach Gott und sich selbst, konnte Kerkeling seinen inneren Schweinehund endgültig besiegen (oder vielmehr überzeugen ...) und entdeckte die reinigende und stark machende Kraft des Wanderns:

»Dieser Weg ist hart und wundervoll. Er ist eine Herausforderung und eine Einladung. Er macht dich kaputt und leer. Und er baut dich wieder auf. Er nimmt dir alle Kraft und gibt sie dir dreifach zurück.«[27]

Als ich das Buch vor einigen Jahren fast in einem Atemzug las, war ich sehr beeindruckt von der Klarheit und Tiefe seiner Gedanken. Ich gebe zu, dass ich Hape Kerkeling zuvor für einen witzigen, aber oberflächlichen Medienmenschen gehalten hatte (wobei ich als Journalistin natürlich weiß, dass ein gewisses Maß an Oberflächlichkeit zum Metier eines Entertainers gehört).

Heute bin ich voller Respekt. Sein Buch hat Menschen weltweit neugierig gemacht, konfessionelle Grenzen gesprengt und dem leicht angestaubten Image des Pilgerns zu neuem Glanz verholfen. Und das alles nur, weil er sich auf den Weg gemacht hat!

Beim Pilgern ordnen sich unsere Gedanken. Der Kopf wird klarer. Dennoch löst Pilgern in jedem, der dieser besonderen Einladung folgt, etwas anderes aus. Für die einen ist der *Camino* (spanischer Begriff für Pilgerweg) zumindest streckenweise eine körperliche Tortur. Für die anderen ist die innere Leere, die mit der Zeit entsteht, eine zu große Herausforderung. »Doch wer diese Leere aushält, der gerät auf eine andere Ebene. Er denkt nicht mehr über Gott nach, aber er begegnet Gott in dieser Leere«[28], meint Anselm Grün, Benediktinermönch und Meditationsleiter. Hape Kerkeling beschreibt diese Begegnung am Ende seines Buchs so:

> »Und wenn ich es Revue passieren lasse, hat Gott mich auf dem Weg andauernd in die Luft geworfen und wieder aufgefangen. Wir sind uns jeden Tag begegnet.«[29]

In der christlichen Tradition hat das Pilgern immer ein Ziel. Der Sinn besteht darin, anzukommen. Bei sich und bei Gott. Das Ziel ist aber auch der Weg. Er dient dazu, sich auf neue spirituelle Erfahrungen einzulassen und innerlich frei zu werden. Jeder Camino ist ein Weg in die Stille und ein Weg der Selbstüberwindung. Entscheidend ist, dass wir unseren Widerstand aufgeben, dass wir annehmen, was kommt, und über unsere körperlichen und mentalen Grenzen hinausgehen:

Menschen, die pilgern, sind Grenzgänger, die ihre Seele in Bewegung bringen und mit sich selbst ins Gespräch kommen.

Wenn wir an einem Wendepunkt beziehungsweise vor einer wichtigen Entscheidung in unserem Leben stehen und nach Antworten suchen, kann Pilgern ein starker Impulsgeber sein. Je mehr wir uns beim Gehen nach außen verschließen (um uns vor störenden Einflüssen zu schützen), desto mehr öffnen wir uns nach innen. Diese Weisheit ist nicht neu, aber sie wirkt. Mönche verschiedener Religionen folgen der Innenschau, dem inneren Sehen, seit Jahrhunderten. Ein blinder Mönch aus dem Schweigeorden der Kartäuser formulierte es im preisgekrönten Dokumentarfilm *Die große Stille* von Philip Gröning sinngemäß so: »Meine Blindheit empfinde ich als Geschenk, weil ich durch nichts abgelenkt werde und mich auf das Wesentliche konzentrieren kann.« Natürlich klingt das in unseren Ohren radikal und entrückt. Aber als er es sagte, lächelte er, und ich hatte den Eindruck, dass er mitten in dieser Welt stand. Das Kreuz steht, während die Welt sich dreht, lautet der symbolreiche Wahlspruch der Kartäuser.

DIE SCHÖNHEIT DER STILLE

Gehen und Schweigen gehören beim Pilgern zusammen. Doch früher oder später schließen sich viele Wanderer anderen an. Für Hape Kerkeling haben sich daraus besondere Begegnungen ergeben. Wenn ich mich nicht irre, konnte er mit seinen neu gewonnenen Seelenfreunden auch sehr gut schweigen. Carmen Rohrbach, Biologin, leidenschaftliche Weltreisende und Abenteurerin war tagsüber lieber allein auf dem Camino unterwegs, um in die Natur, die Weite und Stille einzutauchen.[30] Entscheidend ist, dass wir immer wieder zur Stille zurückkehren.

Stille ist mehr als Lautlosigkeit. Wenn wir sie zulassen, öffnet sich unser innerer Seelenraum.

Anselm Grün spricht von einer mystischen Erfahrung, die uns in den inneren Raum der Stille führt. Benediktinermönch und Zen-Meister Willigis Jäger meint, dass wir im Zustand tiefer Versenkung hinter den Vorhang blicken. In der Stille und Ruhe begegnen wir Gott, meinte auch Meister Eckart.

Natürlich kann Stille auch verunsichern, weil wir sie in einer lärmenden Welt nur noch selten antreffen und oft nicht mehr wissen, wie wir mit ihr umgehen sollen. Jeder kennt Momente, in denen die Stille plötzlich ganz laut wird. Sie konfrontiert uns mit uns selbst. Das kann beunruhigen, aber auch eine wertvolle Erfahrung sein. Wenn wir diese positive Spannung aushalten und der Stille den nötigen Raum geben, also nicht zum Handy oder MP3-Player greifen, erhalten wir die Chance, unser wahres Selbst zu entdecken. Dazu gehört, sich ungeschminkt anzunehmen, trotz unliebsamer Schwächen und Empfindungen wie Ungeduld und Nervosität, und die scheinbar wichtigen Dinge im Leben aus einem neuen Blickwinkel zu betrachten. Dann fragt man sich beispielsweise: Was würde passieren, wenn weltweit plötzlich nichts mehr piepst, blinkt und tutet und alle Netzwerke streiken? Das Chaos würde ausbrechen. Aber was käme dann ...?

Stille hat etwas sehr Erhabenes, zum Beispiel wenn wir nach einer Bergwanderung den Gipfel erreichen und jedes Wort zu viel, zu banal, ganz einfach störend wäre und die Vollkommenheit des Ausblicks ohnehin nicht beschreiben kann. Abgesehen davon, dass ein Berg ergangen werden will und uns oft der Atem fehlt, um überhaupt noch etwas zu sagen. Innerlich leer und glücklich erschöpft kommen wir oben an und können auf einmal ganz deutlich zwischen Wichtigem und

Unwichtigem unterscheiden. Nicht umsonst spricht man vom Gipfelglück.

Egal, in welcher Form wir schweigen, ob beim Meditieren, Pilgern, Wandern oder ohne festgelegten Rahmen: Stille ist sehr lebendig. Sie gibt uns neue Energie und bietet einen wundervollen Rückzugsraum, wenn wir innerlich zur Ruhe kommen wollen.

ÜBUNG

Walk like a Buddha: das Ewige im Jetzt spüren

Es gibt verschiedene Möglichkeiten, achtsam zu gehen. Für alle, die tiefer in die Materie einsteigen wollen, habe ich die Kinhin-Gehmeditation aus dem Zen ausgesucht, die Sie in einer sehr langsamen und einer schnelleren Variante praktizieren können (am besten in einem Meditationszentrum oder Garten):

Im Kinhin liegt die Achtsamkeit und Konzentration ganz auf den Fußsohlen. Dabei ist jeder Schritt das Ziel. Beim betont langsamen Gehen berühren Sie den Boden zunächst mit den Zehen, dann mit dem Mittelfuß und schließlich mit der Ferse. Sobald der ganze Fuß auf dem Boden aufliegt, verlagern Sie Ihr Gewicht nach vorn auf den Fuß, sodass das Knie leicht gebeugt wird. Die Arme hängen locker nach unten. In einer stetigen Bewegung, ohne den natürlichen Bewegungsfluss zu unterbrechen, heben Sie den anderen Fuß, bringen ihn nach vorn, setzen die Zehen, den Mittelfuß und die Ferse auf, das Gewicht verlagert sich wieder nach vorn. Sie gehen in einer langsamen, stetigen Bewegung weiter, atmen auf dem linken Schritt ein und auf dem rechten Schritt wieder aus. Beim langsamen Gehen können Sie sich besser auf den Ablauf der Schritte konzentrieren, also auf das Anheben, Nach-vorn-Bewegen und Absenken des Fußes. Beim schnelleren Gehen in normaler Geschwindigkeit ist die Konzentration auf jeden einzelnen Schritt gerichtet. Hier können Sie die Atmung mit der Geschwindigkeit des Gehens verbinden. Bedecken Sie Ihre rechte Hand mit der linken Hand, verschränken Sie die Daumen und legen Sie Ihre Hände vor den Solarplexus. Nehmen Sie sich zehn bis zwanzig Minuten Zeit für die jeweilige Gehmeditation.

Eine ganz besondere Variante wird innerhalb der tibetischen Spiritualität praktiziert. Das Lung-gom, die Beherrschung der Energieströme, besteht aus Körper- und Atemübungen, die nach jahrelanger Praxis zu einer sehr hohen Beweglichkeit und Leichtigkeit des Körpers führen. Im Grunde handelt es sich um einen Initiationsweg. Während der tibetische Mönch (Lung-gom-pa) die Beherrschung seiner Atmung übt, lernt er, diese mit der Wiederholung mystischer Formeln zu koordinieren und den Rhythmus seiner Schritte darauf abzustimmen. Am Ende seiner Initiationszeit ist der Mönch fähig, riesige Distanzen sehr schnell zu Fuß zurückzulegen, ohne irgendeine Müdigkeit zu verspüren. Er gerät dabei in einen tranceartigen Zustand. Ein Lung-gom-pa erreicht das Maximum an Leichtfüßigkeit und wirkt so, als hätte er jeglichen Bodenkontakt verloren. Ich habe noch nie einen Lung-gom-pa gesehen, aber in Deutschland vor ein paar Jahren einen Dominikanermönch beobachtet, der fast schwebend die Straße entlangging und sehr viel Gelassenheit ausstrahlte. Er war auf dem Weg zu einer Beerdigung und mit jedem einzelnen Schritt im Jetzt.

Unterwegs mit allen Sinnen: Inspirierende Auszeiten, Ausflüge und Streifzüge

Das vermutlich älteste Volk der Welt, die Buschleute der San im südlichen Afrika, verwenden allein fürs Gehen zwanzig verschiedene Worte! Wer zu Fuß in der Wildnis überleben will, entwickelt zwangsläufig eine scharfe Beobachtungsgabe und drückt sich so unmissverständlich wie möglich aus. Doch keine Sorge: Die Vorschläge auf den folgenden Seiten sind kein Survivaltraining. Sie dürfen in Ihrer nächsten Umgebung unterwegs sein. Je nach Bedürfnis, Interesse und Zeitbudget können Sie sich beim Gehen von der Arbeit erholen, Ihre Stadt neu entdecken, dem Zauber der blauen Stunde erliegen, Ihrer verspielten Künstlerseele einen kreativen Ausflug gönnen, Lustwandeln und Flanieren, im Gras Tautreten, der Stille nachspüren oder imaginäre Spaziergänge unternehmen. Folgen Sie ganz einfach Ihrem Bauchgefühl. Spielen Sie mit den Möglichkeiten, die sich Ihnen unterwegs eröffnen. Und lassen Sie Ihre blühende Fantasie von der starren Kette der Vernunft. Unser irdisches Dasein ist eine Momentaufnahme. Doch selbst der flüchtigste Augenblick will gelebt werden.

MINI-AUSZEITEN FÜR EILIGE

Keine Zeit, keine Zeit! Natürlich haben wir meist viel zu tun. Das ist die eine Wahrheit. Doch wir kennen auch die andere: Für alles, was uns wirklich wichtig ist, nehmen wir uns Zeit. Wer leichter und bewusster leben will, sollte sich täglich Freiräume schaffen und eine Auszeit gönnen, selbst wenn sie noch so winzig ist. Dabei zählt jeder Schritt! Und eine Minute Gehen ist mehr als keine! Bewegung lohnt sich also in jeder Lebenslage!

Eine Minute Bewegung

Zugegeben: Wenn ich am Schreibtisch sitze, neige ich dazu, mich festzubeißen. Mittlerweile gelingt es mir aber auch in Stressphasen ganz gut, einen kleinen Cut zu machen. Und das kann ich Ihnen auch wärmstens empfehlen. Zögern Sie nicht. Stehen Sie einfach auf und gönnen Sie sich eine Minute lang Bewegung. Jetzt gleich!

Während Sie zum Fenster gehen, es weit öffnen und sich im Raum die Beine vertreten, schütteln Sie Ihre Arme aus. Oder lassen Sie Arme und Hände um Ihren Körper fliegen und drehen Sie den Rumpf mit, so wie es Kinder instinktiv oft tun. Das aktiviert Ihre Atmung, fördert Ihre Durchblutung und macht Sie wacher und aufnahmefähiger als die dritte Tasse Kaffee.

Pausen halten uns gesund und fördern unsere Kreativität. Heute weiß man, dass es im Verlauf des Tages einen 90-bis-120-Minuten-Rhythmus gibt, der unser Bedürfnis nach Ruhe genauso bestimmt wie unsere Konzentrations- und Leistungsfähigkeit. Planen Sie im Idealfall alle neunzig Minuten eine kleine schöpferische Pause ein. Ihr Wohlbefinden und das Ergebnis Ihrer Arbeit werden für sich sprechen.

Kleine Leerläufe

Im Arbeitsleben ist es oft eine Notwendigkeit, vieles parallel zu tun. Doch Multitasking ist auch ein großer Energieräuber, für Hirnforscher sogar ein Kreativitätskiller. Vor allem, wenn wir dazu tendieren, mehr als hundert Prozent geben zu wollen, uns aber nicht mehr konzentriert auf eine Sache einlassen können. Das nimmt uns die Kraft und bewirkt nicht selten das Gegenteil von dem, was wir beabsichtigen: Wir fangen vieles an, bringen aber nur wenig zu Ende, weil unsere Gedanken unstrukturiert sind und Chaos in unserem Kopf entsteht. Statt flexibel auf Anforderungen zu reagieren, verzetteln wir uns und verlieren leicht den Überblick. Paradox, aber wahr: Was oft zu kurz kommt, ist unsere Fähigkeit zu improvisieren, wenn etwas anders läuft als geplant. Deshalb: Nutzen Sie jede Situation des Wartens, beispielsweise vor dem Drucker oder Kopierer, als willkommenen Anlass, ein paar Schritte hin- und herzugehen. Tun Sie in dieser Mini-Auszeit nichts anderes, denken Sie möglichst nicht an die Arbeit, die als Nächstes ansteht. Dieser Leerlauf ist wichtig, um die Gedanken neu zu ordnen und auf Lösungen zu kommen. Und besuchen Sie öfter mal Ihre Kollegen am Ende des Gangs, statt immer nur zu telefonieren oder zu mailen. Wer Routinen bewusst durchbricht, reagiert flexibler, ist weniger gestresst und weitaus kreativer.

Perspektive wechseln

Erinnern Sie sich? Denken funktioniert am besten, wenn wir uns räumlich verändern. Für alle, die geistig arbeiten, sich für eine Prüfung vorbereiten müssen oder regelmäßig in einer Teambesprechung sitzen, kann ein Perspektivenwechsel Wunder bewirken. Kreativitätstrainer schlagen für Meetings beispielsweise folgende Methode vor: Stühle rücken! Nach jeder Pause werden ganz einfach die Plätze getauscht. Der

Effekt ist verblüffend: Sobald wir einen anderen Platz einnehmen, kommen wir schneller auf neue Ideen und Lösungen. Ich selbst habe diese Methode in einem Kreativclub trainiert und war erstaunt darüber, dass ein simpler Platzwechsel, sprich ein kleiner Schritt, unsere Denkleistung beeinflussen und unsere Fantasie beflügeln kann. Ganz einfach deshalb, weil unsere Wahrnehmungen immer wieder aufs Neue gefordert werden – Blickwinkel und Nachbar ändern sich – und der Ermüdungseffekt auf diese Art eher ausbleibt. Probieren Sie es aus. In einem kleinen, gut funktionierenden Team dürfte die Umsetzung kein Problem sein. Glauben Sie mir, Sie werden im wahrsten Sinne des Wortes neue Seiten an Ihren Kollegen entdecken!

Wenn Sie wie ich zu Hause arbeiten, die Konzentration langsam nachlässt und Ihnen partout nichts mehr einfällt, dann sollten Sie öfter mal durch die Wohnung gehen und falls möglich in einem anderen Raum weiterarbeiten. Denken macht den Anfang, Gehen den Unterschied!

Verdauungsspaziergang

Es gibt Menschen, die gern in der Kantine sitzen und sich wundern, dass sie nach einem üppigen Mittagessen müde, schlapp und wenig motiviert sind. Die gesündere Strategie: Verkürzen Sie Ihren Aufenthalt in der Kantine und nutzen Sie die neu gewonnene Zeit für einen Verdauungsspaziergang! Sollten Sie nur eine halbe Stunde Mittagspause haben, dann bleiben Sie zwanzig Minuten in der Kantine und gehen zehn Minuten an die frische Luft! Oder Sie schenken sich den Kantinenaufenthalt einmal pro Woche komplett und gönnen sich eine belebende Auszeit im Freien. Kleine Lunchpakete gibt es mittlerweile überall.

Gelassener Heimweg

Wer täglich mit öffentlichen Verkehrsmitteln unterwegs ist, weiß: Stickige Luft in Bussen, überfüllte U-Bahnen und gestresste Fahrgäste machen keine rechte Freude. Wenn Sie gerade von der Arbeit oder einem Termin kommen, sollten Sie öfter mal eine Station früher aussteigen und die verbleibende Strecke zu Fuß nach Hause gehen. Das kostet im ersten Moment vielleicht Überwindung, wirkt aber ausgesprochen vitalisierend. Ich entdecke auf diesem Weg oft die tollsten Dinge: einen witzigen Einrichtungsladen, ein frisch eröffnetes Restaurant oder Feinkostgeschäft, in dem ich schnell noch etwas Käse und eine Flasche Wein für den Abend besorge. So setze ich (beinahe) täglich Akzente. Ein wenig mediterranes Lebensgefühl bringt sofort Farbe ins triste Alltagsgrau und öffnet Herzen, weil man spontan mit Menschen ins Gespräch kommt und gute Laune nun mal ansteckend wirkt.

Sollten Sie mit dem Auto unterwegs und dem abendlichen Stau entkommen sein, dann halten Sie bei nächster Gelegenheit an, steigen aus und schauen erst mal zehn Minuten in die Weite. Einfach so! Das dehnt die Zeit und macht den Kopf schön leer. Oder suchen Sie sich bewusst einen Parkplatz, der etwas weiter von Ihrer Wohnung entfernt liegt, und schlendern Sie das letzte Stück zu Fuß nach Haus. Verlangsamung tut gut und schafft Abstand zu den Dingen, besonders nach einem anstrengenden Tag.

Slow-Walk-Meditation mit Kind

Egal, was beruflich und privat gerade ansteht: Lassen Sie Ihr Kind im gehfähigen Alter bitte gehen, sonst erziehen Sie es zum Couch-Potato von morgen. Wohin man guckt, sieht man heute Kleinkinder in Buggys sitzen, in die sie schon lange nicht mehr passen. Sicher, trödeln kann nerven, wenn es eilt. Doch gesund entwickelte Beine sind fraglos wichtiger. Planen Sie etwas mehr Zeit für die Zufälle des Lebens ein, machen Sie aus dem Slow Walk eine kleine Gehmeditation. Die daraus gewonnene Gelassenheit tut auch Ihrem Kind gut.

ENTDECKUNGSTOUR DURCH DIE STADT

Eintönigkeit im Alltag, wer kennt sie nicht? Jeder Handgriff sitzt, die Brötchen kaufen wir seit Jahren beim selben Bäcker, und die Strecke zur Arbeit kennen wir im Schlaf. Das spart Zeit, erleichtert uns das Leben, ist aber auch zum Gähnen langweilig. Eine sehr spannende Möglichkeit, dem monotonen Einerlei ein Ende zu setzen und eingefahrene Gleise auf kreative Weise zu verlassen, ist eine Freizeittour durch einen fremden Stadtteil. Wer auf dem Land lebt, fährt einfach in einen größeren Ort in seiner Nähe und geht von dort aus zu Fuß. Für alle, die gerade umgezogen und neu in einer Stadt sind, ist die kostenfreie Fuß-Sightseeing-Tour ohnehin ein Muss, oder vielmehr ein Vergnügen.

Fremde Stadtteile erkunden

Jede Stadt hat ihren eigenen Pulsschlag. Zu Fuß nehmen Sie diesen unverwechselbaren Rhythmus viel intensiver wahr und spüren die atmosphärischen Unterschiede der verschiedenen Viertel ganz unmittelbar. Erkunden Sie an einem freien Tag einen Stadtteil, der sonst nie oder nur selten auf Ihrem Weg liegt. Stromern Sie mit offenen Sinnen durch die Straßen und vergessen Sie Ihren Fotoapparat (künstlerisch) oder Ihr Handy (praktisch) nicht. Fotografieren Sie jedes Detail, das Ihnen ins Auge fällt:

verschnörkelte Türen, blühende Balkone, Fassaden, Brunnen, Plätze, Bäume, Klappstühle in Stadtstränden, Litfaßsäulen, Parkbänke, Baustellen, glatte Glasfronten, in denen sich die Sonne spiegelt, oder Wolken, die durch eine Regenpfütze ziehen, und alles, was Sie schön, hässlich, bunt, organisch, sperrig, skurril, futuristisch oder außergewöhnlich finden. Machen Sie Schnappschüsse und keine Philosophie aus Ihrer Fotografie. Es geht einzig und allein darum, den Moment einzufangen und in Fluss zu kommen. Erlauben Sie sich den Luxus und lassen Sie sich treiben! Entdecken Sie kleine Schleichwege, enge Gassen oder großzügige Alleen, stecken Sie Ihre Nase in offene Hauseingänge und machen Sie unbedingt einen Abstecher in die Hinterhöfe. Wie riecht es dort? Jeder Hinterhof verrät eine Geschichte, hat seinen eigenen Charakter und Geruch. Mal riecht es modrig, mal duftet es. Mal ist der Hinterhof begrünt und idyllisch, mal grau und asphaltiert, mal laut, mal leise ...

Exotisches und Neues sinnlich genießen

Jedes Haus, jede Straße wird geprägt von ihren Bewohnern, Passanten und den Ladenbesitzern drum herum. Gehen Sie bewusst in Geschäfte, die Sie sonst nicht betreten. Auch in kleineren Städten gibt es mittlerweile türkische, indische und arabische Obst- und Gemüseläden oder Restaurants. Nehmen Sie den Duft exotischer

Gewürze wahr und genießen Sie die lebendige Atmosphäre, die Sie in keinem sterilen Supermarkt finden. Lassen Sie auch die verschiedenen Rhythmen der Menschen auf sich wirken, die Ihnen unterwegs begegnen. Werden Sie ein lebendiger Teil des Ganzen, bleiben Sie aber Ihrem persönlichen Rhythmus treu.

Flohmarkt-Gehen

Eine sehr entspannte Art, die Stadt zu durchstreifen und mit den unterschiedlichsten Menschen ein paar Takte zu reden, ist der Besuch von Trödelmärkten oder Hausflohmärkten, die von den Bewohnern im Viertel organisiert und meist in Hinterhöfen aufgebaut werden. Genießen Sie die Leichtigkeit, an einem warmen Frühlings- oder Sommertag in Flipflops, kurzen Hosen oder luftigem Kleid durch die Straßen zu schlendern und um schönen Tand zu feilschen. Genauso schön ist es, anschließend in einem schattigen Café zu sitzen und die vorbeischlurfenden Flohmarktgeher zu beobachten.

Spaziergang in die Kindheit

Eine bezaubernde Variante für Paare, die mehr voneinander wissen wollen, ist ein Spaziergang in die Vergangenheit. Konkret: Sie zeigen Ihrem Partner den Ort, an dem Sie aufgewachsen sind. Dazu gehören Spielplätze,

Verstecke, (Miets-)Haus, Kita, Schule und alles, was Sie lebhaft an Ihre Kindheit erinnert. Was hat sich seitdem verändert, was nicht? Welche Freunde fallen Ihnen ein, welche Erinnerungen tauchen auf? Ich denke sofort an den Eismann um die Ecke, der das weltbeste Vanille- und Schokoeis verkaufte. Lassen Sie sich berühren und freuen Sie sich über das Interesse Ihres Partners. Beim nächsten Mal drehen Sie den Spieß um und unternehmen eine Zeitreise in seine Kindheit.

BLAUE STUNDE: AUSFLUG IN DIE NACHT

Vor allem kreative und sinnliche Menschen können sich der Magie der blauen Stunde nicht entziehen. Die Zeit der Dämmerung zwischen Sonnenuntergang und nächtlicher Dunkelheit ist für viele (Lebens-)Künstler immer wieder eine ganz besondere Inspirationsquelle.

Farbenspiele

Lassen Sie den grauen Alltag hinter sich, tauchen Sie in die blaue Stunde ein: Flanieren Sie durch die Straßen, gehen Sie in der anonymen Menschenmenge unter, betrachten Sie das geschäftige Treiben um sich herum. Beobachten Sie vor allem, wie sich Licht und Farben in der

Abenddämmerung von Minute zu Minute verändern – wie der tiefblaue Himmel von sanftem Rosa oder flammendem Rot durchzogen wird und die Beleuchtung in den Häusern warm und heimelig wirkt. In der Fotografie gibt es für das Blau des Himmels, das Orange der Glühbirnen drinnen oder das Türkis der Leuchtstoffröhren draußen einen treffenden Ausdruck: Man spricht von unterschiedlichen Farbtemperaturen, die für die besondere Atmosphäre verantwortlich sind und indirekt Einfluss auf unsere Gefühlswelt haben. Kein Zweifel: Die blaue Stunde besitzt suggestive Kraft. Wie beeinflusst sie Ihre Stimmung? Welche Empfindungen, Fantasien und Erwartungen löst der Ausflug in die Nacht bei Ihnen aus?

Wenn Sie wollen, können Sie einen Schritt weitergehen und spinnen. Ja, Sie haben richtig gehört. Herumspinnen ist wichtig für unsere Kreativität! Stellen Sie sich beispielsweise vor, im Exil oder Tourist(in) in einer unbekannten Stadt zu sein. Fühlen Sie sich für einen Moment fremd und genießen Sie die Vorstellung, dass keiner Sie kennt. Oder schlüpfen Sie in die Rolle von Ernest Hemingway: Betreten Sie ein Lokal, das Ihnen zusagt, setzen Sie sich an die Bar und lassen Sie Ihren Ausflug bei einem Sundowner ausklingen. Warum nicht? Folgen Sie spontanen Impulsen so oft wie möglich. Das Leben ist zu spannend, um jeden Abend dasselbe zu tun.

Blaue Verlockungen in der Natur

Selbstverständlich können Sie die blaue Stunde auch in der Natur erleben, zum Beispiel an einem See oder Flussufer. Besonders reizvoll ist die Auszeit vom Alltäglichen am Ende des Winters, wenn aufgeregtes Vogelgezwitscher die Stille durchbricht und der erste Hauch von Frühling in der Luft liegt, den wir mit tiefen Atemzügen in uns aufnehmen.

Letztlich ist die blaue Stunde ein verlockendes Versprechen: Je weniger vom Tag sichtbar ist, desto mehr wird möglich. Zumindest in unserer Vorstellungswelt. Projizieren Sie aber nichts in die Zukunft. Bleiben Sie ganz im Moment.

SPAZIERGANG IM REGEN, NEBEL UND SCHNEE

Mögen Sie Regen? Ich liebe ihn! Regentropfen sind Balsam für strapazierte Nerven. Gehen Sie bei schlechtem Wetter ungern vor die Tür? Schade! Spaziergänge im Regen, Nebel und Schnee können sehr reizvoll und lehrreich sein. Sie machen uns bewusst, dass wir uns nicht immer gleich in Watte packen müssen, nur weil die Sonne nicht scheint.

Was assoziieren Sie mit Regen? Nasse Schuhe, Schnupfen, ruinierte Frisur und Kleidung? Oder Entspannung,

Katharsis und die Freiheit, im Regen zu singen, zu tanzen und unbeschwert zu sein? Wenn ich an Regen denke, tauchen sofort zwei Bilder vor meinem geistigen Auge auf:

Bild 1) Ich sehe die amerikanische Schauspielerin Sigourney Weaver, die in einer Filmsequenz gedankenverloren und verliebt im warmen Tropenregen nach Hause schlendert und überhaupt nicht bemerkt, dass ihr Kleid völlig durchnässt ist.

Bild 2) Ich sehe ein junges Pärchen auf der Straße, das Händchen haltend und barfuß im Regen spazieren geht. Das war vergangenen Sommer und ein sehr schönes Bild. Leider sind wir nicht immer zu zweit und verliebt, aber wir können uns zu jeder Zeit und in jedem Alter frei fühlen! Regentropfen sind weder schlecht noch lästig, nur weil sie nass machen.

Feuchtfröhliche Auszeit

Lösen Sie sich von Bewertungen, negativen Erwartungen oder Befürchtungen, die Sie in Ihrem Handlungsspielraum einschränken und Ihre Stimmung beeinträchtigen. Probieren Sie es einfach mal aus: Gehen Sie ganz selbstverständlich ohne Regenschirm außer Haus! Unternehmen Sie Ihren Spaziergang an einem milden Frühlings- oder Sommertag und natürlich nicht vor einem wichtigen Termin. Spüren Sie die Tropfen auf Ihrem Scheitel? Wie fühlt es sich an, wenn der warme Regen durch Ihr Haar rinnt, über Ihr Gesicht und Ihren Rücken läuft? Lassen Sie es zu, geben Sie Ihren inneren Widerstand auf! Erleben Sie den Regen wie eine erfrischende Dusche. Und begegnen Sie den verwunderten Blicken Ihrer Mitmenschen mit Gelassenheit. Lächeln Sie, springen Sie über Pfützen, genießen Sie Ihre feuchtfröhliche Auszeit so ausgelassen wie möglich!

Nebel-Mystik

Mögen Sie mystische Stimmungen? Sehnen Sie sich nach mehr Intensität? Brauchen Sie starke Impulse, um sich lebendig zu fühlen? Besonders reizvoll kann ein Spaziergang im Nebel sein, den Sie bisher vielleicht nur als Verkehrshindernis wahrgenommen haben. Wenn Sie sich im dichten Nebel unsicher fühlen, dann gehen Sie zu zweit. Verlassen Sie sich aber nicht zu sehr auf den anderen. Sie dürfen Ihren Sinnen voll und ganz vertrauen und werden feststellen, wie wach, aufmerksam und sicher Sie im Nebel gehen. Was sich zunächst fremd anfühlt (das Vortasten im Nebel), kann schon im nächsten Augenblick vertraut sein. In solchen Momenten spüren wir ganz deutlich, dass wir mit den Elementen der Natur eng verbunden sind, vor allem auf seelischer Ebene.

Weiße Pracht

Während einer Winterwanderung im Wald hatten mein Mann und ich plötzlich das Gefühl, mit dem Schnee eins zu sein. Wie in Trance gingen wir tiefer und tiefer in den verschneiten Wald, wurden immer schweigsamer und wollten trotz der Kälte am liebsten für immer dortbleiben. Wir waren im Flow und verlebten einen ausgesprochen intensiven Nachmittag, der sich tief in mein Gedächtnis grub und innere Bilder entstehen ließ, die mich stark an die mystischen Landschaften von Caspar David Friedrich erinnern.

Ich persönlich finde, dass Schnee und Stille ein sehr schönes Paar sind. Gerade, wenn man in der Stadt lebt, ist frisch gefallener Schnee eine Wohltat für Ohren und Augen. Er schluckt den Lärm der Straße, verhüllt alles Störende und Unschöne. Was übrig bleibt, sind die krächzenden Laute der Rabenkrähen und das Knirschen des Schnees unter unseren Füßen. Heute fiel mir auf, dass die Bordsteinkante durch die anhaltenden Schneefälle völlig eingeebnet war. Keine spektakuläre Entdeckung, aber für mich persönlich eine neue Beobachtung.

Gehen Sie raus und achten Sie auf jedes Detail. Das schärft die Aufmerksamkeit. Betrachten Sie mit Ihren Kindern den Tanz der Schneeflocken, bewundern Sie die skurrilen Formen der weißen Hauben auf den

Dächern, Laternen und Parkbänken, die wie Baisers oder Zuckerguss auf Zimtsternen aussehen. Die weiße Pracht ist zauberhaft – solange man nicht Schnee schippen und Autos ausbuddeln muss.

LUSTWANDELN UND TAFELN IM PARK

Im Frühjahr und Sommer zieht es (außer pollengeplagte Allergiker) alle nach draußen. Wie verbringen Sie die warme Jahreszeit in Ihrer Freizeit? Bleiben Sie von morgens bis abends am See oder im Freibad und beten die Sonne an? Oder suchen Sie die Stille in der Natur und gehen am liebsten querfeldein durch blühende und süßlich duftende Wiesen? Sind Sie der sportlich aktive Typ, der radelt, bergwandert oder mit dem Gleitschirm fliegt, egal wie heiß es ist? Oder genießen Sie den Sommer bevorzugt in der Stadt, im Straßencafé, beim Eis essen, an einem Stadtstrand und beim nächtlichen Flanieren auf den Straßen …?

Fällt Ihnen etwas auf? Je nach Vorlieben und Interessen tendieren wir dazu, immer wieder dasselbe zu unternehmen. Wenn auch Sie das Gefühl haben, dass Ihr Freizeitverhalten ein bisschen einseitig ist, im Freundeskreis die Macht der Gewohnheit siegt und die meisten Sommerabende beim Grillen enden, empfehle ich Ihnen eine Zeitreise. Jeder von uns hat ein Faible für eine bestimmte Epoche. Der eine findet das Mittelalter besonders spannend, der andere die Romantik. Ausgesprochen opulent und sinnenfreudig war das Zeitalter des Barock. Vielleicht kennen Sie den Film *Barry Lyndon* von Stanley Kubrick oder *Der Kontrakt des Zeichners* von Peter Greenaway. Wie es sich für Kostümfilme gehört, trugen die Darsteller die für den Hofadel typischen Perücken, pompösen Kleider und extrem zierlichen Schuhe mit riesigen Spangen. Ein Kennzeichen dieser Epoche war auch das aristokratische Lustwandeln in den Parks und Gärten der barocken Schlösser, das oft mit einem Picknick, Versteckspiel im Irrgarten und anschließenden Schäferstündchen endete.

Ob ein Schäferstündchen aus Ihrem Ausflug wird, ist Ihnen überlassen. Sie müssen auch in keinen Kostümverleih. Es reicht völlig, wenn Sie Ihre Freunde zusammentrommeln, Kind und Kegel einpacken und ein paar feine Schweinereien mitnehmen, was natürlich auch für Ihre Freunde gilt. Bei diesem Ausflug steht der sinnliche und kulinarische Genuss im Vordergrund, verbunden mit einer stilvollen Inszenierung beziehungsweise Ausstattung. Arrangieren Sie Ihre Tafel wie ein edles Stillleben. Pralle Trauben, reife Melonen, Perlendes in schnörkeligen Gläsern und duftende Blüten auf einer großen Decke sind dafür unverzichtbar. Besonders schön ist die Stimmung am Morgen und frühen Abend. Sie können sich in einem barocken Schlossgarten verabreden (abseits der Hauptwege) oder in einem öffentlichen Park. Wichtig ist nur, dass Ihr Picknick der krönende Höhepunkt Ihres Ausflugs ist. Zuvor und danach dürfen Sie gehen, in diesem Fall lustwandeln, und im Irrgarten Versteck spielen.

Eine Beobachtung am Rande: Die extravagante Mischung aus Gehen und Schlemmen kommt meiner Erfahrung nach bei männlichen Zeitgenossen besonders gut an ...

DIE KUNST DES SPAZIERENGEHENS

Ein kurzer Blick in die Kulturgeschichte des Spaziergangs (spazieren: von italienisch *spaziare*, »sich ergehen«, »sich räumlich ausbreiten«) zeigt, dass Menschen seit jeher aus ganz unterschiedlichen Motiven gehen. Lange Zeit war es der armen Bevölkerung vorbehalten, weitere Strecken zu Fuß zurückzulegen. Gehen entsprang einer Notwendigkeit.

Der Ursprung des Spaziergangs zum Zeitvertreib und als Form des Luxus war das Lustwandeln der Aristokratie in barocken Schlossparks. In der bürgerlichen Welt kam der Spaziergang im 18. Jahrhundert in Mode. Man sprach vom Erbauungsspaziergang. Er war den oberen Schichten vorbehalten, die in Sonntagskleidung durch öffentliche Parks, Gärten oder an Uferpromenaden entlangpromenierten.

Der Spaziergang und insbesondere das Wandern in der mystischen Verbindung zur Natur fanden in der Literatur und Malerei der Romantik ihren besonderen Ausdruck.

Eine ganz eigene Rolle spielte der Flaneur des 19. beziehungsweise 20. Jahrhunderts. Er bezeichnet eine literarische Figur, die zum Typus des neuen Großstadtbewohners wurde, der durch die Straßen der Metropolen streifte und neugierig, aber distanziert das menschliche Treiben beobachtete. Mit Edgar Allan Poes Erzählung *Der Mann in der Menge* fand der Flaneur seinen Eingang in die literarische Welt.

Egal, ob aus kulturellen, philosophischen oder spirituellen Gründen: Gehen inspirierte Menschen zu allen Zeiten und ist auch aus dem 21. Jahrhundert nicht wegzudenken. Im Gegenteil: Vor allem Stadtmenschen haben die besondere Qualität des zu Fuß Gehens wiederentdeckt. Die Autorin Ursula Richard sieht in ihrem Buch *Stille in der Stadt* den Flaneur in die moderne Großstadtkultur zurückkehren ... Die vom Schweizer Soziologen Lucius Burckhardt entwickelte Spaziergangswissenschaft macht sich explizit für langsames Gehen stark ... Blogger erkunden die Stadt auf ihren Spaziergängen beziehungsweise im Rahmen selbst organisierter Stadtführungen als (künstlerischen) Wahrnehmungsraum und tauschen sich im Netz darüber aus ... In einer aktuellen Studie des Bundesumweltministeriums (Umweltbewusstsein 2010) gaben 76 Prozent der Bevölkerung an, dass sie sich Städte wünschen, die weniger auf das Auto und mehr auf Fuß- und Radverkehr setzen. Und eine Imagekampagne warb in neun deutschen Städten mit kreativen Aktionen und Slogans wie »Wer gut zu Fuß ist, ist gut zum Klima.« Was sich abzeichnet, ist ein Wechsel in unserer Mobilitätskultur. Gehen bewegt und verändert unser Bewusstsein. Langsam, aber sicher.

STREET ART: KUNSTTOUREN

Gehen, stehen, betrachten: Wann haben Sie zuletzt eine Kunstausstellung besucht? Können Sie sich an die viel diskutierte Documenta 13 erinnern, die zunächst umstritten war, letztlich aber viel Lob und Anerkennung erntete? Das Konzept der bedeutenden Kasseler Ausstellung beziehungsweise die Aufgabenstellung für die internationalen Künstler bestand darin, eine Verbindung zwischen Kunst und Natur herzustellen. Für die Besucher hatte das den Vorteil, dass sie sich auch im Freien bewegen und Kunst zu Fuß entdecken konnten. Zum Beispiel einen Schmetterlingsgarten, den die Künstlerin und Biologin Kristina Bach in der Stadt angelegt hatte. Die Elemente der Natur (beispielsweise der Wind) und das Schlüpfen der Schmetterlinge (als Sinnbild für die

Metamorphose beziehungsweise Verwandlungsprozesse) waren Teil ihres Konzepts. Die Natur schafft Kunst und Kunst schafft Natur. Mittendrin bewegt sich der Mensch und sammelt erfrischend neue Eindrücke, die ihn inspirieren und seinen Blick auf die Welt verändern.

Mittlerweile existieren in vielen Städten, aber auch außerhalb spannende Kunst- und Kulturspaziergänge. Für alle, die in der Hauptstadt die kreativsten Ecken erkunden wollen, gibt es zum Beispiel die fünf Spaziergänge durch das kreative und innovative Berlin. Wer sich für urbane Subkultur interessiert, kann sich auch andernorts von Street-Art- beziehungsweise Graffitikünstlern ihre Arbeit und Motivation erklären lassen. Wer sich mehr nach zeitloser Schönheit sehnt, kann zum Beispiel Jugendstilengel auf alten Friedhöfen besuchen, die im Rahmen einer Führung, aber auch auf eigene Faust zu entdecken sind. Ich selbst gehe gern auf stillgelegte Friedhöfe, auch wenn ich Ihnen nicht sagen kann, warum. Auf alle Fälle sind sie eine wichtige Inspirationsquelle und ein Rückzugsraum, wenn ich mich nicht gut fühle.

Meine Empfehlung: Scheuen Sie sich nicht davor, auch unkonventionelle Wege zu gehen, die Sie auf den ersten Blick vielleicht verunsichern oder befremden. Meist sind es genau diese Wege beziehungsweise Orte, die uns nach einer gewissen Zeit besonders wichtig und vertraut sind. Man nennt sie zu Recht Kraft- und Seelenorte. Und: Besuchen Sie Ausstellungen grundsätzlich morgens! Durchschreiten Sie die großzügigen Räume und genießen Sie Kunst in aller Ruhe.

Im Rahmen spezieller Veranstaltungen gibt es oft auch die Gelegenheit, Künstler eines Stadtteils in ihren Ateliers zu besuchen und dabei relevante Strecken zu Fuß abzugehen. Es existieren also unzählige Möglichkeiten, Gehen und Kunst auf kreative Art miteinander zu verknüpfen.

LAND ART: KREATIVE STREIFZÜGE DURCH DIE NATUR

Natürlich können Sie auch selbst künstlerisch aktiv werden und Land Art betreiben. Das Tolle daran: Man ist mit anderen im Freien unterwegs (ideal für die ganze Familie), lässt sich von dem inspirieren, was »Mutter Natur« alles an Früchten, Beeren, Blüten, Blättern, Steinen oder Hölzern zu bieten hat, und kann daraus die originellsten Kunstwerke schaffen, die noch dazu alle Unikate sind.

Land Art ist Kunst im Einklang mit der Natur. Sie spricht die Sinne an, schärft die Wahrnehmung, bringt uns mit den Zyklen der Natur in Berührung und fördert den kreativen Ausdruck. Im Endeffekt waren wir schon als Kinder Land-Art-Künstler, wenn wir aus frisch gepflückten Gänseblümchen filigrane Schmuckstücke formten oder vom Baum gefallene Kastanien kreisförmig auf dem Boden auslegten. Wer hätte gedacht, dass wir damit schon die wichtigsten Kriterien erfüllt haben: Zur Philosophie der erlebnisorientierten Naturkunst gehört, dass ausschließlich Fundstücke aus der Natur und keine künstlichen Hilfsmittel wie Nägel, Drähte oder Ähnliches verwendet werden, die Objekte also mit bloßen Händen vor Ort gestaltet werden und dort auch bleiben.

Kunst lebt! Besonders spannend ist der dynamische, weil prozesshafte Charakter der Naturkunst. Oft verändern Witterung und Wachstum beziehungsweise der Verfall der verwendeten Materialien das Objekt, sprich das Werk wird vom Winde verweht oder ist organischen Prozessen ausgesetzt und verrottet. Die Kunstwerke werden selbst zur Landschaft, sind aber früher oder später der Vergänglichkeit preisgegeben.

Computer – oder Natur?

Wenn Sie mit Ihren Kindern unterwegs sind, können Sie so manches von ihnen lernen. »Die Fantasie der Kinder kann einen Haufen Dreck in eine magische Welt verwandeln«, sagt der US-Autor Richard Louv, der den Bestseller *Das letzte Kind im Wald* schrieb und Eltern im Umgang mit ihrem Nachwuchs zu kreativen Aktivitäten in der Natur rät. Geplagte Eltern wissen ohnehin: Heranwachsende Computer-Kids kann man nicht mit einem einfachen Spaziergang hinter dem PC hervorlocken. Erkenntnissen der Entwicklungspsychologie zufolge wirken sich sinnliche Wahrnehmungen, die Kinder aktiv draußen machen, nicht nur positiv auf ihre Neugier aus, sondern auch auf die Eltern-Kind-Bindung.

Also nichts wie raus! Bauen Sie einen Turm aus Eisblöcken oder eine Pyramide aus unterschiedlich großen Steinen und machen Sie Ihre Erfahrungen mit der Statik. Gestalten Sie einen Fächer aus herbstbunten Blättern oder eine Sonne aus Schilf. Farblich schön sind auch rote Hagebutten, die auf dem Boden zu einem Quadrat angeordnet werden. Dasselbe kann man mit Muscheln oder leeren Schneckenhäusern machen. Wer gern mit Farben und Formen arbeitet und Dekoratives mag, kann zum Beispiel eine Kugel aus buschigen Löwenzahnköpfen kreieren. Sehr beliebt, schön anzusehen und einfach in der Umsetzung sind Spiralen, die aus Steinen, Blättern, Blüten, Sand etc. gestaltet werden. Wer am liebsten im Wald unterwegs ist, kann aus Moos eine Schlange formen, Zweige und Äste zu einem Bodenornament anordnen oder mit Holzstücken einen kleinen Weg anlegen. Der Fantasie sind keine Grenzen gesetzt. Wer professionell an die Sache herangehen will, bekommt in Land-Art-Workshops fachliche Anleitungen und künstlerische Anregungen.

Übrigens: Land Art (auch Erdkunst beziehungsweise Earth Work genannt) ist ursprünglich eine Avantgarde-Kunstrichtung, die in den 60er-Jahren des 20. Jahrhunderts in Amerika und Europa entstand und im Gegensatz zur heutigen Naturkunst, die oft auch eine philosophisch-spirituelle Ausrichtung hat, zum Teil massiv in die Landschaft eingriff und diese neu formte. Zu den namhaften Vertretern der Erdkunst im besten Sinne des Wortes gehörte Joseph Beuys. Dem renommierten Künstler ging es bei seiner Arbeit um die respektvolle Auseinandersetzung mit der Natur und nicht nur um Natur-Ästhetik. Er bezeichnete den Naturverlust der modernen Welt als Sinnverlust. Von Beuys stammt auch der schöne Satz: »Jeder Mensch ist ein Künstler.«

BARFUSS UNTERWEGS

In Japan spazieren viele Menschen in ihrer Mittagspause barfuß durch die Gegend und gönnen sich auf speziellen Natursteinwegen eine vitalisierende Fußreflexzonenmassage. Barfußpfade existieren mittlerweile auch bei uns in vielen Gegenden und sind in der Freizeit und bei Ausflügen in die Natur sehr beliebt. Es handelt sich dabei um speziell angelegte Wegstücke, die zum Beispiel durch Steine begrenzt werden und mit verschiedenen Materialen ausgebettet sind. Natürliche Füllmaterialien sind Moos, Reisig, kleine spitze Kieselsteine, große abgerundete Steine, Rindenmulch, Sand oder Lava. Einen Barfuß-Parcours abzugehen, erfordert ein sehr bewusstes, langsames Gehen und achtsames Erspüren. Das ändert sich natürlich schlagartig, wenn Kinder dabei sind. Dann wird aus der stillen Selbsterfahrung ein lebendiges Gemeinschaftserlebnis. Beides tut gut.

Tautreten

Es muss nicht immer der Sonnengruß sein, um gelassen und vital in den Tag zu starten. Sie können den Morgen auch barfuß im Park begrüßen: Ein reizender Kick für das Immunsystem und die Stimmung (zumindest hinterher) ist das Tautreten, bei dem man drei bis fünf Minuten mit nackten Füßen durch feuchtes Gras geht. Naturheilärzte empfehlen Tautreten möglichst täglich, auch bei Raureif und Schnee, wobei in der kalten Jahreszeit drei Minuten schnelles Gehen genügen. Wer im Herbst und Winter bärenstarke Abwehrkräfte haben will, sollte spätestens im Sommer mit dem Tautreten beginnen oder ab und zu auf Wanderungen durch einen kühlen Bachlauf waten, was für heiße und müde Füße ohnehin ein erfrischend sinnliches Vergnügen ist!

Kleine Kneippkuren

Um sinnliche Erfahrungen geht es auch auf Kneippwegen, wobei hier das heilende Potenzial im Vordergrund steht. Die von Sebastian Kneipp begründete Wasserkur arbeitet wie das Tautreten mit gezielten Kältereizen, die das Immunsystem stärken und die Durchblutung anregen. Das Prinzip ist einfach, aber wirksam: Sobald der Kälteimpuls nachlässt, weiten sich die Gefäße, um wieder warmes Blut einströmen zu lassen.

Wer sich eine belebende Auszeit für zu Hause wünscht, sollte Kieseltreten. Ideal ist ein mit Kieselsteinchen ausgelegter Weg im eigenen Garten (Gärten sind ideale Barfußpfade!). Alternativ können Sie den Boden einer Plastikwanne fünf Zentimeter hoch mit Granulat füllen und ein paar Minuten auf der Stelle treten. Oder in der Badewanne Wassertreten. Kneipp empfahl den Storchengang: Bei jedem Schritt den Fuß aus dem kalten Wasser heben, die Zehen etwas nach unten strecken und auf diese Weise in nur drei Minuten frische Energie tanken!

WANDERN UND MEDITIEREN

Sicher sind Sie in Ihrem Leben schon einmal gewandert, in den Bergen oder flachen Dünen am Meer. Eine spannende Alternative zur gängigen Tour ist das Meditationswandern.

Zusammen losgehen, sich aufeinander verlassen, die Natur erleben und gemeinsam ankommen – das verbindet uns miteinander und macht Wandern so reiz- und wertvoll. Eine gute Seilschaft wirkt stärkend auf unsere Psyche. Abgesehen von der sozialen Komponente macht es ganz einfach Spaß, zu zweit, mit der Familie oder Freunden eine Wandertour zu unternehmen und sich am Ziel mit einem grandiosen Ausblick und guten Essen zu belohnen.

Es kann aber auch passieren, dass wir auf dem Weg ständig über den Beruf, die Kinder und Probleme reden, nicht in unseren Gehrhythmus finden und kaum etwas von der Umgebung mitbekommen. So wichtig und richtig es ist, sich auszutauschen: Worte verändern unsere Wahrnehmung, lenken ab und machen uns leicht unachtsam für das, was um uns herum geschieht. Ist Ihnen schon einmal aufgefallen, dass Menschen, die gehen und sich angeregt unterhalten, meist auf den Boden gucken? Umgekehrt kann es eine sehr interessante Erfahrung sein, mit anderen (auch in einer organisierten Gruppe) zu wandern und zu schweigen. Jeder Einzelne konzentriert sich auf den Weg, spürt seinen Körper, ist ganz bei sich und fühlt doch bei jedem Schritt, dass er nicht allein ist. Zugegeben, unter Menschen, die wir nicht kennen, ist fremdeln normal. Doch dieses Gefühl verflüchtigt sich erfahrungsgemäß erstaunlich schnell. Wenn wir uns auf spirituelles Wandern einlassen, ist die entstehende Energie ungleich intensiver als bei einer normalen Wandertour.

Spirituelle Wanderwege, fernab der üblichen Touristenpfade, gibt es in verschiedenen Regionen. In organisierter Form, das heißt in einer Gruppe mit Wander- beziehungsweise Meditationsführer, werden sie als Tages- oder mehrtägige Touren angeboten. Charakteristisch für Meditationswanderungen ist, dass sie aus verschiedenen Stationen bestehen. Meist werden Kraftorte besucht, beispielsweise eine Heilquelle, Kapelle oder ein Wasserfall, wo dann Meditations- beziehungsweise Achtsamkeitsübungen praktiziert werden. Wanderversierte, die ihre Region kennen, können natürlich auch eine individuelle Tour zusammenstellen und auf eigene Faust losgehen.

Übrigens: Sie müssen weder durchgängig schweigen noch wie ein buddhistischer Mönch bei einer klassischen Gehmeditation unterwegs sein. Sie können ganz normal und etappenweise in die Stille gehen oder so lange schweigen, bis Sie Ihr Ziel erreicht haben. Und wenn Sie oder die anderen zwischendurch zu lachen anfangen, dann ist das ein gutes Zeichen! Auch bei einer Meditationswanderung geht es um Entspannung, nicht um Selbstkasteiung.

AUSZEITEN IM LABYRINTH

Kommt Ihnen das bekannt vor? Sie haben urplötzlich das befreiende Gefühl, alles verstanden zu haben. Den Sinn des Lebens, sich selbst, die Menschen in Ihrem Umfeld ... Sie glauben, einem Ziel ganz nah zu sein, und stellen schon im nächsten Moment fest, dass Sie in Wirklichkeit meilenweit davon entfernt sind ... Oder Sie sehen den Wald vor lauter Bäumen nicht – und finden dann auf einmal die Lösung für ein Problem. All das können Sie beim Abschreiten eines geheimnisvollen Labyrinths erleben.

Das Labyrinth gehört zu den kulturellen Urschätzen der Menschheit, ist ein Sinnbild für den menschlichen Lebensweg und besitzt in allen Kulturen eine philosophisch-spirituelle Dimension. Labyrinthe sind eine starke Metapher für das Leben selbst. Sie fordern zum Überdenken des eigenen Daseins auf und schenken uns dadurch Erkenntnis. Wir begreifen, dass Umwege zum Leben gehören, Umkehren dagegen keine Lösung ist. Als kontemplative Rückzugsorte und Oasen der Entspannung erleben Labyrinthe in Stadt und Land eine regelrechte Renaissance.

Im Gegensatz zum Irrgarten existiert im Labyrinth nur ein verschlungener Weg, der über scheinbare Umwege zur Mitte führt. Es gibt darin weder Abzweigungen, Wegkreuzungen noch Sackgassen. Eines der ältesten Labyrinthe ist das sogenannte klassische Labyrinth, das auch als kretisches Labyrinth bezeichnet wird. Es ist ein Einweglabyrinth, das heißt es gibt keinen zweiten Ausgang, der Rückgang entspricht dem Hinweg ins Zentrum des Labyrinths. Schon beim Eingang stellt man erstaunt fest, dass die Mitte ganz nah ist. Doch mit jedem Schritt führt uns der Weg in langen Bahnen und durch enge Kurven immer weiter von der Mitte weg. So geht das eine ganze Weile. Wir möchten uns dem Zentrum nähern, müssen uns aber immer wieder entfernen, bis wir schließlich doch am Ziel ankommen und nicht selten verwirrt sind.

Die Selbsterfahrung im Labyrinth ist letztlich eine paradoxe Erfahrung, die uns das Geheimnis des Lebens näher bringt, aber nicht offenbart: Scheinbare Nähe führt zur Entfernung und Entfernung zur Annäherung. Durch seine Linienführung zwingt uns das Labyrinth zum regelmäßigen Richtungswechsel, der uns das Ziel aus unterschiedlichen Perspektiven sehen oder nicht sehen lässt. Auf den Alltag übertragen, heißt das: Wer sich im Labyrinth bewegt, lernt, Geduld zu üben und dem vorgegebenen Weg zu vertrauen. In Zeiten, in denen wir unzählige Wahlmöglichkeiten haben und permanent Entscheidungen zu treffen sind, empfinden es viele Menschen als ausgesprochen erleichternd und wohltuend, einmal nicht die Richtung vorzugeben und sich in einem geschützten Raum eine bewusste Auszeit zu nehmen.

Begehbare Labyrinthe finden Sie vielerorts und in den verschiedensten Erscheinungsformen. Es gibt Rasen- und Heckenlabyrinthe, Barfuß-, Lichter- und Farblabyrinthe, Pflasterlabyrinthe, ornamentale Fußbodenlabyrinthe in Kirchen oder lebendige Kräuterlabyrinthe in Klostergärten und auf dem Land. Eine spannende Verbindung zwischen Tradition und Moderne schafft beispielsweise das Pflasterlabyrinth im Erholungspark Marzahn in Berlin. Vorlage für das verwendete Muster war das berühmte Fußbodenlabyrinth der mittelalterlichen Kathedrale von Chartres in Frankreich. Selbst in Kitas und Schulen entstehen neue Labyrinthe, die bei Kindern sehr beliebt sind, vor allem, wenn sie mitgestalten können, was bei privaten Initiativen kein Problem ist. Mittlerweile gibt es für Interessierte auch zahlreiche Wanderwege, die von Labyrinth zu Labyrinth führen.

Wer mag, kann nach Anleitung auch sein eigenes Labyrinth bauen. Etwa mit Steinen im eigenen Garten oder in der freien Natur mit Muscheln, Heu, Erde oder Sägespänen. Sie können aus Ihrem Labyrinth auch einen Garten der Sinne machen. Zum Beispiel, indem Sie ein duftendes Kräuterlabyrinth anlegen. Ich selbst genieße den strategischen Vorteil, dass mein Labyrinth im Stadtpark um die Ecke liegt. Mein Tipp: Besuchen Sie das Labyrinth Ihrer Wahl am frühen Morgen!

PILGERN: TAG DER STILLE

Pilgern ist eine besondere Auszeit. Natürlich können Sie im Alltag nicht den Jakobsweg gehen, um Stille zu erleben und auf Ihre innere Stimme zu hören. Doch reservieren Sie sich einen Tag fürs Pilgern, zum Beispiel am Wochenende. Mag sein, dass Sie Ihre Auszeit mit dem Partner beziehungsweise der Familie koordinieren müssen. Das sollte es Ihnen wert sein. Denn dieser Tag wird allein Ihnen gehören. Im Gegensatz zum klassischen Pilgern oder Abschreiten eines Labyrinths ist hier der Weg nicht vorgegeben. Sie entscheiden instinktiv, wo es langgeht. Sie gehen auf *gut Glück* los!

Überlegen Sie schon am Vorabend, was Sie anziehen wollen. Ihre Kleidung sollte möglichst bequem sein und der Jahreszeit beziehungsweise Witterung entsprechen. Ideal ist ein trockener Tag mit milden Temperaturen. Packen Sie ausreichend Wasser oder Tee, etwas Leichtes zu essen, eventuell auch Sonnenschutz in einen kleinen Rucksack. Er sollte kein Ballast für Sie sein.

Im Taoismus traut man der inneren Stimme seit jeher mehr Kraft zu als dem Verstand. Selbst vernunftbetonte Wissenschaftler entdecken gerade die besondere Kraft des Bauchgefühls. Da Sie durchs Gehen und die praktischen Anregungen im Buch gelernt haben, Ihrem inneren Kompass zu vertrauen und neue Wege zu finden, wartet jetzt eine Herausforderung auf Sie, die Sie noch mehr fürs tägliche Leben stärkt und ein Stück dankbarer macht: An Ihrem Tag der Stille verzichten Sie auf Handy, Uhr, Fahrkarte, Stadtplan beziehungsweise Wanderkarte! Etwas Geld dürfen Sie dabeihaben, aber nur ausgeben, wenn es sein muss. Nehmen Sie sich kein Ziel vor, gehen Sie raus und versuchen Sie Ihren zufällig eingeschlagenen Weg mit jedem Schritt als das eigentliche Ziel zu erfahren. Wenn Sie etwas sehen, was Ihre Aufmerksamkeit weckt, dann bleiben Sie stehen und nehmen das Gesehene mit Ihren Sinnen wahr. Setzen Sie Ihren Weg nach einiger Zeit fort. Lassen Sie sich nicht durch Menschen ablenken, die Ihnen unterwegs begegnen. Wenn Sie müde werden, dann suchen Sie sich eine Bank oder Wiese zum Ausruhen. Wenn Sie etwas zu sich nehmen, dann trinken und essen Sie langsam und bewusst. Sie werden erstaunt sein, wie intensiv Sie plötzlich wieder schmecken und wie schnell Sie satt werden!

Im Idealfall ist Ihr Tag der Stille ein Tag des Loslassens, der Sie mit der Schönheit und Energie des einfachen Lebens in Berührung bringt und Ihnen bewusst macht, wie erstaunlich wenig man (als Pilger) braucht. Natürlich macht uns Stille auch sehr sensitiv. Nach Hause zurückgekehrt, sollten Sie sich mit dem Reden Zeit lassen. Die vielfältigen Eindrücke und Empfindungen müssen sich erst einmal setzen. Spüren Sie Ihrem Ausflug also noch etwas nach. Sie werden Ihren Fokus künftig darauf richten, was da ist und nicht länger darauf, was fehlt. Freuen Sie sich darauf!

MENTALE SPAZIERGÄNGE

Ein imaginärer Spaziergang wirkt auf unsere Seele wie ein Kurzurlaub und stärkt unsere Vorstellungskraft. Die hier vorgestellten Ausflüge sind ideal für alle, die gerade nicht gehen können.

Am rauschenden Meer

Kaum etwas wirkt entspannender und erholsamer als die Geräusche des Meeres. Das gleichmäßige Rollen der Wellen beruhigt nachweislich die Gehirnströme. Schließen Sie Ihre Augen und stellen Sie sich ganz einfach vor, am Meer zu sein. Gehen Sie den Strand entlang und lauschen Sie der Brandung. Vielleicht befinden Sie sich an einer Steilküste oder am türkisfarbenen Indischen Ozean? Genießen Sie die Weite des Horizonts. Sehen Sie, wie das Blau des Himmels mit dem des Meeres verschmilzt? Fühlen Sie, wie Sie darin eingebunden sind? Es gibt nichts Trennendes. Alles ist eins!

Im Regenwald

Stellen Sie sich vor, wie ein Abenteurer in einen Regenwald vorzudringen und sich Ihren Weg durch die üppig-dichte Tropenvegetation zu bahnen. Sehen Sie die riesigen, hellgrün aufleuchtenden Farne? Die turmhohen Bäume mir ihren borkigen Stämmen und herabhängenden Lianen? Hören Sie die Rufe der Äffchen und Vögel in den Baumkronen und das Knacken der Wurzeln unter Ihren Füßen? Schritt für Schritt tauchen Sie mehr in das satte Grün des Dschungels ein und werden selbst zur Farbe Grün. Wenn Ihnen diese Vorstellung schwerfällt, dann hilft Ihnen vielleicht dieses Bild: In einem Film des dänischen Regisseurs Lars von Trier legt sich die Darstellerin ins Gras und wird vom Gras durchdrungen. Lassen Sie sich inspirieren! Künstlerische Werke sind wunderbare Quellen.

Alternativ können Sie sich einen Waldspaziergang in Ihrer Region vorstellen. Bleiben Sie aber nicht nur auf den Hauptwegen. Streifen Sie wie beim Pilze sammeln auch ins Unterholz. Und genießen Sie das weiche, federnde Moos unter Ihren Füßen. Natürlich barfuß!

Aus sich herausgehen

Wie eintönig wäre ein Leben ohne Farben! Sie beflügeln unsere Fantasie und geben uns Kraft, vor allem, wenn wir uns schwach und dünnhäutig fühlen. Im Zen-Buddhismus bezieht man die Energie der Farben in Verbindung mit der Vorstellung von Licht in eine Meditation mit ein. Schließlich können wir Farben dank unserer Vorstellungskraft auch mit geschlossenen Augen wahrnehmen. Ich empfehle Ihnen die folgende Schutzmeditation als kostbares Detail Ihrer Entdeckungsreise auf dem spannenden Weg zu sich selbst. Je nach Befinden können Sie im Sitzen oder im Liegen meditieren. Nehmen Sie sich zwanzig Minuten Zeit. Beginnen Sie Ihre imaginäre Reise mit geschlossenen Augen und konzentrieren Sie sich auf das Energiezentrum unterhalb Ihres Nabels im Bauchraum. Legen Sie Ihre Hände übereinander auf Ihren Unterbauch. Atmen Sie ruhig und langsam in den Bauch hinein und spüren Sie Ihrer Atembewegung nach.

Jetzt kommen die Farben ins Spiel! Lassen Sie aus Ihrer Mitte heraus die Farbe Gelb entstehen. Das gelbe Licht breitet sich durch Ihren ganzen Körper aus – bis in Ihren Kopf, Ihre Finger und Zehen. Stellen Sie sich vor, wie es ausströmt und sich als schützende gelbe Lichthülle um Ihren Körper legt. Lassen Sie dann die Farbe Grün entstehen. Das grüne Licht breitet sich aus und legt sich als grüne Lichthülle über das gelbe Licht. Als Nächstes entsteht die Farbe Rot aus Ihrer Mitte, die sich über die grüne Lichthülle um Ihren Körper legt. Dasselbe passiert mit der Farbe Blau. Als letzte Farbe lassen Sie Violett aus Ihrer Mitte entstehen. Das violette Licht breitet sich aus und legt sich über die blaue Lichthülle.

Versuchen Sie abschließend die gelbe, grüne, rote, blaue und violette Lichthülle um sich herum wahrzunehmen, und zwar so, als würden Sie von innen heraus um Ihren Körper sehen. Es kann eine Weile dauern, bis Sie die Lichthülle vor Ihrem inneren Auge wahrnehmen. Auch die Stärke kann variieren. Schließlich sind wir alle Übende und keine Lichtgestalten. Das ist aber kein Problem für Sie, weil Sie in diesem Buch gelernt haben, Geduld in heiterer Gelassenheit zu üben, und wissen, dass Erkenntnis und Glück tatsächlich beim Gehen kommen.

AUSZEIT FÜR DIE AUTORIN

Ich beneide Sie. Zum Beispiel um Ihr strahlendes Aussehen, Ihre Vitalität und Ihr neu gewonnenes Lebensgefühl. Ich beneide Sie um Ihre Auszeiten, Ihre Erlebnisse und die neuen Eindrücke, die Sie unterwegs gesammelt haben. Höchste Zeit für mich, Tschüss zu sagen. Denn meine Augenringe werden immer dunkler, die Augen zusehends kleiner. Mein Gesicht ist bleich und die Beine schmerzen, weil ich in den letzten Tagen und Wochen vor Abgabe des Manuskripts viel zu lange am Computer und viel zu wenig an der frischen Luft war. Asche auf mein Haupt und jetzt nichts wie raus!

ANMERKUNGEN

1 Robert Koch-Institut: Studie zur Gesundheit Erwachsener in Deutschland 2008–2012

2 Beispielsweise: So zähmen Sie Ihren inneren Schweinehund, Piper Verlag 2006

3 Detlev Ganten: Die Steinzeit steckt uns in den Knochen. Gesundheit als Erbe der Evolution, Piper Verlag 2011, Seite 104

4 Das zeigen Studien der Biologin und Sportwissenschaftlerin Dr. Joanna Barton, University of Essex, Colchester

5 Detlev Ganten: Die Steinzeit steckt uns in den Knochen. Gesundheit als Erbe der Evolution, Piper Verlag 2011, Seite 118f.

6 Dr. med. Christian Larsen: Gut zu Fuß ein Leben lang. Erfolgsmethode Spiraldynamik® mit 50 wirkungsvollen Übungen, Goldmann Verlag 2011, Seite 97ff.

7 Mehr dazu in: Ehrfurcht – staunend das Leben bereichern, Psychologie Heute 2013, Heft 1, Seite 8f.

8 Beate Handler: Mit allen Sinnen leben. Tägliches Genusstraining, Goldegg Verlag 2012

9 Deutsches Wanderinstitut: Gesundheitsstudie Wandern 2007, Seite 35

10 Ebd., Seite 36

11 Beate Handler: Mit allen Sinnen leben, Goldegg Verlag 2012, Seite 187

12 Richard Louv: Das Prinzip Natur. Grünes Leben im digitalen Zeitalter, Beltz Verlag 2012, Seite 24

13 Mehr dazu in: Hartmut Rosa: Weltbeziehungen im Zeitalter der Beschleunigung, Suhrkamp Verlag 2012

14 Aus dem Bild-Text-Band Berge Afrikas von Sepp Friedhuber und Günter Guni, Tecklenburg Verlag 2006, Seite 56

15 Inspiration: Eingebung. Das Wort wurde im 17. Jahrhundert aus lat. inspiratio, »das Einhauchen«, entlehnt. Seit dem 18. Jahrhundert versteht man unter inspirieren »anregen«, »erleuchten«, »begeistern«.

16 Gerald Hüther: Was wir sind und was wir sein könnten.
    Ein neurobiologischer Mutmacher, Fischer Verlag 2011, Seite 127

17 Siehe auch: Gisela Linder: Blau – die himmlische Farbe.
    Texte und Bilder, Insel Verlag 2012, Seite 71ff.

18 Henry David Thoreau: Walden oder ein Leben
    in den Wäldern, Diogenes Verlag 2007, Seite 141

19 Julia Cameron: Der Weg des Künstlers.
    Ein spiritueller Pfad zur Aktivierung unserer Kreativität,
    Knaur MensSana Verlag 2000, Seite 53

20 Ebd.

21 Interview von Felix Zeltner mit Gerald Hüther in:
    Diagnose Burnout. Hilfe für das erschöpfte Ich,
    Deutsche Verlags-Anstalt 2012, Seite 245f.

22 Mehr dazu in: Gedankengänge,
    Psychologie Heute compact 2010, Heft 26, Seite 44

23 Ebd., Seite 45

24 Auszug aus Gerald Hüther: Was wir sind und was wir sein
    könnten. Ein neurobiologischer Mutmacher, © S. Fischer
    Verlag GmbH, Frankfurt am Main 2011, Seite 133–136

25 Thich Nhat Hanh: Auf dem Weg der Achtsamkeit,
    Herder Verlag 2012, Seite 19

26 Siehe auch: Dokuho J. Meindl: ZEN. Das Glück im Jetzt,
    GU Verlag 2011

27 Hape Kerkeling: Ich bin dann mal weg. Meine Reise
    auf dem Jakobsweg, Piper Malik Verlag 2007

28 Anselm Grün: Mystik. Den inneren Raum entdecken,
    Herder Verlag 2009, Seite 138f.

29 Hape Kerkeling: Ich bin dann mal weg, Seite 345

30 Carmen Rohrbach: Unterwegs sein ist mein Leben. Geschichten
    aus aller Welt, Piper Malik National Geographic 2012, Seite 82

ÜBUNGS- UND TOURENVERZEICHNIS

Sich gut erden	34
Die Kraft der Erde spüren	35
Den natürlichen (Zeit-)Rhythmus finden	36
Sich gehen lassen	37
Ins Spüren kommen	51
Wie ein Bambus im Wind	52
Kinderleicht beweglich werden	53
Flamingo (Einbeinstand)	55
In Zeitlupe gehen	56
Ausbalanciert	56
Innere Blockaden lösen, Neues zulassen	81
Gehen ist mehr	81
Genussgarten	82
Mit dem Regenbogen tanzen	101
Mit Licht und Schatten spielen	102
Die Gedanken in Fluss bringen	103
Walk like a Buddha: das Ewige im Jetzt spüren	122
Eine Minute Bewegung	129
Kleine Leerläufe	130
Perspektive wechseln	131
Verdauungsspaziergang	132
Gelassener Heimweg	133
Slow-Walk-Meditation mit Kind	134
Fremde Stadtteile erkunden	135
Exotisches und Neues sinnlich genießen	136

Flohmarkt-Gehen	137
Spaziergang in die Kindheit	137
Farbenspiele	138
Blaue Verlockungen in der Natur	140
Feuchtfröhliche Auszeit	141
Nebel-Mystik	142
Weiße Pracht	143
Computer – oder Natur?	151
Tautreten	154
Kleine Kneippkuren	155
Am rauschenden Meer	163
Im Regenwald	164
Aus sich herausgehen	165

WEITERFÜHRENDE LITERATUR UND WEBADRESSEN

Cameron, Julia: *Der Weg des Künstlers. Ein spiritueller Pfad zur Aktivierung unserer Kreativität*, Knaur/MensSana 2000

Candolini, Gernot: *Im Labyrinth sich selbst entdecken. Auf dem Weg zur inneren Mitte*, Herder Verlag 2011

Ganten, Detlev: *Die Steinzeit steckt uns in den Knochen. Gesundheit als Erbe der Evolution*, Piper Verlag 2011

Gattenburg, Angela/Großbongardt, Annette (Hg.): *Diagnose Burnout. Hilfe für das erschöpfte Ich*, DVA 2012

Gros, Frédéric: *Unterwegs. Eine kleine Philosophie des Gehens*, Riemann Verlag 2010

Grün, Anselm: *Mystik. Den inneren Raum entdecken*, Herder Verlag 2009

Handler, Beate: *Mit allen Sinnen leben. Tägliches Genusstraining*, Goldegg Verlag 2012

Hanh, Thich Nhat: *Auf dem Weg der Achtsamkeit*, Herder Verlag 2012

Hirschhausen, Eckart von: *Glück kommt selten allein*, Rowohlt Verlag 2009

Hüther, Gerald: *Was wir sind und was wir sein könnten. Ein neurobiologischer Mutmacher*, Fischer Verlag 2011

Kerkeling, Hape: *Ich bin dann mal weg. Meine Reise auf dem Jakobsweg*, Piper Malik Verlag 2007

Khan, Hazrat Inayat: *Wanderer auf dem inneren Pfad*, Verlag Heilbronn 1996

Larsen, Christian: *Gut zu Fuß ein Leben lang. Erfolgsmethode Spiraldynamik® mit 50 wirkungsvollen Übungen*, Goldmann Verlag 2011

Linder, Gisela (Auswahl und Nachwort): *Blau – die himmlische Farbe: Texte und Bilder*, Insel Verlag 2012

Louv, Richard: *Das Prinzip Natur. Grünes Leben im digitalen Zeitalter*, Beltz Verlag 2012

Meindl, Dokuho J.: *ZEN. Das Glück im Jetzt*, GU-Verlag 2011

Ott, Ulrich: *Meditation für Skeptiker. Ein Neurowissenschaftler erklärt den Weg zum Selbst*, O.W. Barth Verlag 2010

Pöppel, Ernst / Wagner, Beatrice: *Von Natur aus kreativ. Die Potenziale des Gehirns entfalten,* Carl Hanser Verlag 2012

Richard, Ursula: *Stille in der Stadt. Ein City-Guide für kurze Auszeiten und überraschende Begegnungen*, Kösel Verlag 2011

Rohrbach, Carmen: *Unterwegs sein ist mein Leben. Geschichten aus aller Welt*, Piper Malik Verlag 2012

Rosa, Hartmut: *Weltbeziehungen im Zeitalter der Beschleunigung*, Suhrkamp Verlag 2012

Sander, Gabriele (Hg.): *Blaue Gedichte*, Reclam Verlag 2012

Thoreau, Henry David: *Vom Glück, durch die Natur zu gehen*, Anaconda Verlag 2010

Ders.: *Walden oder ein Leben in den Wäldern*,
   Diogenes Verlag 2007
Wendler, Detlev: *Vom Glück des Gehens.*
   Ein Weg der Lebenskunst, Claudius Verlag 2010

Kunstspaziergänge und Stadtentdeckungen
www.sei.berlin.de
www.dasblaueland.de
www.spaziergangswissenschaft.de

Landart
www.streuwerk.ch

Barfußpfade
www.barfusspark.info

Naturparks
www.naturparke.de

Meditationswandern und Pilgern
www.brennendes-herz.de
www.diestauden.de
www.pilger-weg.de

Labyrinthe
www.begehbare-labyrinthe.de
www.labyrinthe.at

ÜBER DIE AUTORIN

Elisabeth Hör-Bogacz, Journalistin und Autorin, ist seit 25 Jahren in der Medienbrache tätig. Sie studierte Germanistik, Journalistik und Politik an der Ludwig-Maximilians-Universität München. Als Redakteurin, Textchefin und Autorin arbeitet(e) sie für überregionale Zeitschriften (unter anderem Freundin, Wellfit, Wiener, Marie Claire). Zu ihren inhaltlichen Schwerpunkten gehören Psychologie-, Gesundheits- und Balancingthemen. Ihre größten Leidenschaften: zu Fuß unterwegs sein, neue Wege entdecken, durch Afrika reisen.